СЕМЬ ЦЕРКВЕЙ

«Я был в духе в день воскресный
и слышал позади себя громкий голос,
как бы трубный, который говорил:
Я есмь Альфа и Омега,
Первый и Последний; то, что видишь,
напиши в книгу и пошли церквам,
находящимся в Асии: в Ефес и в Смирну,
и в Пергам, и в Фиатиру, и в Сардис,
и в Филадельфию, и в Лаодикию.
Я обратился, чтобы увидеть, чей голос,
говоривший со мною; и, обратившись,
увидел семь золотых светильников и,
посреди семи светильников,
подобного Сыну Человеческому,
облеченного в подир
и по персям опоясанного золотым поясом»
(Откровение, 1:10-13).

Доктор Джей Рок Ли

СЕМЬ ЦЕРКВЕЙ

URIM BOOKS

Семь церквей Д-р Джей Рок Ли

Издано «Урим Букс» (Представитель: Сонг Кон Вин)
235-3, Guro-dong3, Guro-gu, Seoul, Korea

ISBN: 978-89-7557-348-4

Ранее, в 2007 году, издана на корейском языке издательством «Урим Букс», Сеул, Корея.
ISBN: 978-89-7557-115-2

Впервые издана в июне 2010 г.

Отредактирована д-ром Джеум Сан Вином.
Дизайн разработан редакционным бюро «Урим Букс».
Тираж отпечатан в типографии компании «Евон».
За более подробной информацией обращаться: urimbook@hotmail.com

Введение

Я благодарю и славлю Бога Отца, благословившего нас на публикацию книги *«Семь церквей»*. Эта книга содержит любовь Божью и тайны последних дней.

В течение семи лет я страдал от многочисленных болезней, и ситуация казалась безвыходной. Но по благодати Божьей я исцелился от всех своих болезней и начал вести христианскую жизнь. В то время у меня появилась мечта. Я желал стать образцовым старейшиной церкви, чтобы помогать бедным и несчастным и своей миссионерской работой отплатить за Божью благодать. Но Бог призвал меня на служение в качестве пастора и поручил мне проповедовать Евангелие всем народам.

С тех пор как я открыл церковь в 1982 г., я следовал примеру первых церквей, основанных апостолами Господа после Его Воскресения и Вознесения. Я сосредоточил свои усилия на молитвах и евангелизации. И, как результат, сегодня наша церковь объединяет более 100 тыс. членов и 8 тыс. приходов по всему миру, и мы вместе несем Благую Весть до края земли.

Среди учеников и верующих - прихожан первых церквей - было немало свидетелей удивительных знамений и чудес, включая Воскресение и Вознесение Господа Иисуса. Они были полны благодати, истины и Духа и обладали великой верой. Эти верующие стояли у истоков распространения Евангелия во всем мире, несмотря на страшные гонения на них. В конце концов христианство стало официальной религией в Римской империи. Благая Весть, впервые озвученная в Израиле, распространилась по всему миру и теперь возвращается в Израиль.

Сегодня, даже среди верующих, немало тех, кто утратил свою «первую любовь». Их духовный рост остановился, а вера их стала теплой. Многие не имеют полноты веры во Всемогущего Бога. Они не признают Иисуса Христом и отрицают дела Святого Духа. Время идет, и все больше церквей идет на компромисс с миром, вместо того чтобы объединяться.

Когда апостол Иоанн проповедовал Евангелие, его, несмотря на жестокие гонения со стороны римских властей, не беспокоила собственная жизнь. Его сослали на остров Патмос, где он получил откровения Господа.

«Итак напиши, что ты видел, и что есть, и что будет после сего. Тайна семи звезд, которые ты видел в деснице Моей, и семи золотых светильников [есть сия]: семь звезд суть Ангелы семи церквей; а семь светильников, которые ты видел, суть семь церквей» (Откровение, 1:19-20).

Число «семь» в Библии – это число совершенства. Поэтому под «семью церквями» подразумеваются не только церкви в Ефесе, Смирне, Пергаме, Фиатире, Сардисе, Филадельфии и Лаодикии, но и церкви, основанные во все времена в эру Святого Духа.

Книга Откровения, которая содержит обращение Господа семи церквям, адресована всем существующим церквям во всем мире. Для них это послание подобно дорожному указателю; оно также суммирует всё сказанное Богом в

Ветхом и Новом Заветах.

В нем заключен глубокий смысл, поясняющий церквям, как стать угодными Господу, и я верю, что эта книга пробудит многие церкви.

Я благодарю Джеум Сан Вин, директора издательского бюро Центральной церкви «Манмин», и всех сотрудников, благодаря которым эта публикация стала возможной. Я молюсь во имя Господа, чтобы читатели стремились к Нему и украшали себя как Его невесту.

Д-р Джей Рок Ли

Открывая врата *Семи Церквям*

Остров Патмос находится в чистых и лазурных водах Эгейского моря. Белые дома на фоне синевы моря создают прекрасный пейзаж. Именно сюда был сослан апостол Иоанн, и именно здесь ему открылись многие откровения о последних днях, в том числе и послания семи церквям.

Апостол Иоанн был одним из двенадцати учеников Иисуса. Он проповедовал Евангелие в таких местах, как Пергам и Смирна. При императоре Домитиане его арестовали и приговорили к смерти. Апостола бросили в чан с кипящим маслом, но Бог был с ним, и он остался жив. По Божьему провидению его сослали на остров Патмос.

В те времена Патмос был местом ссылки, в основном политических заключенных. Он был тихим и уединенным, то есть прекрасным местом для молитвы и сокровенного общения с Богом. Иоанн, находясь на острове, в пещере, пребывал в молитвах; там он получил Божьи откровения и записал их.

Чтобы подобное откровение было дано человеку, у него, под воздействием Святого Духа, должны открыться духовные глаза, ему должны помогать ангелы. Бог прежде полностью изменил Иоанна с тем, чтобы он стал человеком совершенного духа, мужем, полностью освященным

истиной. Некогда Иоанна именовали «сыном грома», но Бог преобразил его, и он был даже назван «апостолом любви». Молился он так усердно, что даже кожа на лбу его загрубела.

Послания семи церквям написаны в форме писем. Они содержат бесценные наставления церквям и верующим, помогают понять, какой тип церкви наиболее угоден Богу. Ведь церкви в Ефесе, Смирне, Пергаме, Фиатире, Сардисе, Филадельфии и Лаодикии олицетворяют собой все церкви мира.

Послания семи церквям не являются очередной исторической летописью. Это искреннее обращение Господа, желающего пробуждения церквей всех времен. Даже если они и утверждают, что очень любят Господа, многим из них следовало бы все же оглянуться назад и посмотреть, не идут ли они путем, который вызовет упрек и порицание Господа.

В большинстве видов спорта есть индивидуальные и групповые соревнования. Нечто похожее происходит и в жизни верующих. В Судный День не только сам человек, но и каждая церковь предстанет перед Судом. В зависимости от того, как будет оценена деятельность церкви, она либо получит награду, либо результат будет совсем противоположным.

А пастора будут оценивать не только по делам его личной веры, но и как пастыря - руководителя церкви. Он подвергнется строгому суду исходя из того, как он вел дела церкви и направлял вверенную ему Господом паству. Пасторы, будучи главами церквей, основанных во имя Иисуса Христа, возглавив приход, должны следовать только воле Господа. В противном случае выдержать приговор будет непросто.

Поэтому в Послании апостола Иакова, 3:1, говорится: «Не многие делайтесь учителями, зная, что мы подвергнемся большему осуждению». Напротив, если пастор покоит свою паству «на злачных пажитях», водит «к водам тихим» и направляет к лучшим обителям в Небесном Царстве, то он удостоится несравнимо больших наград и почета.

Таким образом, послания семи церквям – это искренний призыв Господа к служителям и верующим всех церквей мира. Ведь чтобы детям Божьим ходить в истине, в истине должны пребывать церкви. Именно поэтому Господь адресует Свое искреннее обращение всем церквям и служителям.

«Имеющий ухо да слышит, что Дух говорит церквам».

Содержание

Глава 1

Церковь Ефеса

- Упрек в оставлении своей первой любви

Идолопоклонство было широко распространено в Ефесе. Господь отдал должное стойкости верующих в Ефесе, их нетерпимому отношению ко злу и разврату. Он похвалил их за то, что они испытывали и уличали во лжи тех, кто называл себя апостолами, не являясь таковыми; за то, что многое перенесли и без устали трудились во имя Его. Однако Господь упрекнул их за то, что они «оставили первую любовь», призвал покаяться и вернуться к делам и поступкам, совершаемым ими изначально.

Немало церквей и сегодня начинают с энтузиазмом, искренне и горячо молятся, но постепенно, с ростом церкви, появляется высокомерие, а страсть и любовь охладевают. Именно таким церквям и адресовано послание к Ефесской церкви.

Откровение, 2:1-7

«Ангелу Ефесской церкви напиши: так говорит Держащий семь звезд в деснице Своей, Ходящий посреди семи золотых светильников: знаю дела твои, и труд твой, и терпение твое, и то, что ты не можешь сносить развратных, и испытал тех, которые называют себя апостолами, а они не таковы, и нашел, что они лжецы; ты много переносил и имеешь терпение, и для имени Моего трудился и не изнемогал.

Но имею против тебя то, что ты оставил первую любовь твою. Итак вспомни, откуда ты ниспал, и покайся, и твори прежние дела; а если не так, скоро приду к тебе и сдвину светильник твой с места его, если не покаешься..

Впрочем то в тебе [хорошо], что ты ненавидишь дела Николаитов, которые и Я ненавижу. Имеющий ухо да слышит, что Дух говорит церквам: побеждающему дам вкушать от древа жизни, которое посреди рая Божия».

Послание Господа церкви в Ефесе

«Ангелу Ефесской церкви напиши: так говорит Держащий семь звезд в деснице Своей, Ходящий посреди семи золотых светильников...» (Откровение, 2:1-7).

Ежегодно, в мае, в Ефесе устраивалось празднество в честь богини процветания Артемиды. Ефес располагался на западном побережье современной Турции. В городе были созданы благоприятные условия для многочисленных купцов, приезжавших из Сирии, Индии, Аравии и Египта. Это был поистине процветающий город - крупнейший торговый центр Востока.

Евангелие распространилось в Ефесе благодаря миссионерским поездкам апостола Павла. Благая Весть об

Иисусе Христе стала известна не только верующим, но и тем, кто поклонялся богине Артемиде.

Пламенные дела Святого Духа открываются через церковь в Ефесе

Однажды, проповедуя Евангелие в Азии, Павел прибыл в Ефес. Там он встретил нескольких учеников, которых спросил: *«Приняли ли вы Святого Духа, уверовав?»*. Но они ответили ему: *«Мы даже и не слыхали, есть ли Дух Святой»* (Деяния, 19:2).

Тогда апостол Павел задал им другой вопрос: *«Во что же вы крестились?»*. Они же отвечали: *«Во Иоанново крещение»* (Деяния, 19:3).

После этого апостол Павел стал смело проповедовать тем, кто не имел четких знаний об Иисусе Христе: *«Иоанн крестил крещением покаяния, говоря людям, чтобы веровали в Грядущего по нем, то есть во Христа Иисуса»* (Деяния, 19:4).

В результате, благодаря апостолу Павлу, они приняли Иисуса Христа и получили новое крещение. Удивительные деяния Святого Духа снизошли на них, так же, как и на другие ранние церкви. Они обрели Святого Духа, стали говорить иными языками и пророчествовать.

Тогда же апостол Павел в течение трех месяцев проповедовал Евангелие в синагоге Ефеса. Люди, с ожесточенным сердцем и непреклонным умом, критиковали его, и он покинул этот город и проповедовал Евангелие в течение двух лет в школе Тиранна.

Когда Павел проповедовал Евангелие, Бог использовал его руки для сверхъестественных дел. Когда платки или опоясывания, которые соприкасались с ним, возлагались на больных, болезни исцелялись и бесы изгонялись. Новость об этом распространилась по Ефесу, и многие иудеи и греки уверовали в Иисуса Христа.

Тогда серебряных дел мастера и ремесленники Ефеса, которые зарабатывали себе на жизнь продажей идолов Артемиды, из страха потерять средства к существованию, попытались убить его. Они тревожились за то, что народ перестанет поклоняться идолу Артемиды, уверовав в Иисуса Христа.

«Между тем вы видите и слышите, что не только в Ефесе, но почти во всей Асии этот Павел своими убеждениями совратил немалое число людей, говоря, что делаемые руками человеческими не суть боги. А это нам угрожает тем, что не только ремесло [наше] придет в презрение, но и храм великой богини Артемиды ничего не будет значить, и испровергнется величие той, которую почитает вся Асия и вселенная» (Деяния, 19:26-27).

Ремесленники стали подстрекать других мастеровых людей; их возмущение было настолько сильно, что они вызвали беспорядки во всем городе. Они пытались поймать Павла и тех, кто вместе с ним проповедовал Евангелие. Но даже несмотря на эти гонения, благодаря миссионерской поездке Павла, в Ефесе все-таки появилась церковь.

Господь держит семь звезд в деснице Своей

Господь обращается именно к этой, Ефесской церкви. В начале упомянут автор и тот, кому адресовано послание: Держащий семь звезд в деснице Своей направил его ангелу церкви в Ефесе.

Здесь, слово «ангел» относится к посланцу, или человеку, исполняющему волю Господина, то есть к пастору Ефесской церкви. Держащий семь звезд в Своей деснице – это Иисус Христос.

Иисус пришел в этот мир для спасения грешного человечества. Он пришел, чтобы пролить Свою Кровь и воду на кресте. Он воскрес, открыл путь спасения и вознесся на Небеса. Сейчас, пока завершается провидение взращивания человечества, Он в Царстве Небесном готовит обители для детей Божьих.

Когда настанет время, предначертанное Богом, Господь, грядущий на облаке, придет и заберет Своих детей на Небеса. Он придет также и как Судья.

Почему же наш Господь назван «Держащим семь звезд в деснице Своей» и «Ходящим посреди семи золотых светильников» (Откровение, 2:1)?

У большинства людей правая рука, то есть десница, сильнее левой. Десница символизирует власть и могущество, а звезды – людей. Вторая часть 20-го стиха первой главы Откровения гласит: *«...семь звезд суть Ангелы семи церквей»*. Таким образом, семь звезд обозначают пасторов семи церквей.

Слова о том, что Господь держит семь звезд в Своей деснице, значат, что в руке своей Бог держит пасторов и служителей, которых Он избрал. Через них Бог прославляется, демонстрируя чудеса исцеления и другие знамения, свидетельствующие о Живом Боге, дарует Свои благословления, преодолевающие время и пространство (От Марка, 16:17-20; Деяния, 19:11-12).

В Евангелии от Матфея, 16:18, Иисус говорит Петру: *«И Я говорю тебе: ты – Петр, и на сем камне Я создам Церковь Мою, и врата ада не одолеют ее»*. Другими словами, пастор, избранный Богом, и церковь, основанная Им, не могут быть разрушены ни дьяволом, ни кем-либо еще.

Поэтому, если кто-то обвиняет и осуждает церковь и пастора, которые в деснице Господней, это значит, что он обвиняет и осуждает Самого Господа.

Господь есть «Ходящий посреди семи золотых светильников»

Сказано, что Господь есть «Ходящий посреди семи

золотых светильников». Золото, в духовном смысле, символизирует веру, а золотые светильники – церковь. Золотые светильники обозначают церкви, основанные с верой в Господа, выкупленные Его Кровью. Число «семь» символизирует совершенство. Таким образом, «семь золотых светильников» - это церкви, основанные во имя Господа.

Свечи в светильниках – это верующие. Так же, как зажженные свечи освещают тьму, церкви, которые объединяют верующих, наполненных Духом Святым и пребывающих в истине, будут излучать свет. Слово Божье говорит, что если мы обладаем истинной верой, мы будем жить в Свете. Благодаря церквям, в которых есть такие верующие, многие люди выйдут из тьмы и достигнут спасения.

Слова «Господь, Ходящий посреди семи светильников» означают, что Он пребывает среди всех церквей, основанных Им, и взирает на них Своими огненными очами.

Слова «Держащий семь звезд в деснице Своей, Ходящий посреди семи золотых светильников» значат, что те церкви, которые основаны во имя Господа, и те пасторы, которых Господь держит Своим могуществом, послужат мерилом грядущего Суда.

Сегодня многие церкви и пасторы проповедуют Слово Божье, но не все, чему они учат, является истиной. Проповедовать истинную волю Божью и стать мерилом будущего Суда могут только настоящие служители, которых признает Бог и дает им Свое ручательство.

Кроме того, не все церкви выполнят свой долг стать ковчегом спасения. В последние дни лишь те церкви, которые находятся в деснице Господа, будут в состоянии исполнить свою миссию. Вполне возможно, что Господь не будет с некоторыми из церквей, хотя с виду они создавались во имя Господа.

Во время Страшного суда не только личная жизнь христианина на земле, но и то, к какой церкви он принадлежал, станут критерием, по которому его будет судить Господь. Поэтому данный факт очень важен. Конечно, спасение во многом зависит от личных отношений людей с Богом. Но тот факт, в какой церкви и при каком пасторе проходили их христианская жизнь и служение, также будет иметь серьезное значение.

Например, если пастор церкви осуждает и обвиняет другого священнослужителя или возглавляемую им церковь, то прихожане, не обладая достаточным знанием истины, могут также осуждать и обвинять других. В этом случае, даже если у них не было злого умысла, это не будет забыто в День Суда.

Итак, мы должны осознавать, насколько важно то, к какой мы принадлежим церкви и какой пастор наставляет нас.

Если глава церкви ведет многие души по пути погибели, то велико будет его наказание. Напротив, если пастор покоит свою паству на «злачных пажитях, водит к водам тихим» и направляет к лучшим обителям в Небесном Царстве, то он удостоится высших наград и почета.

Господь, Держащий семь звезд в деснице Своей и Ходящий посреди семи золотых светильников, Своими огненными очами взирает на все происходящее в церквях.

Сегодняшние церкви, похожие на Ефесскую церковь

Поскольку послания семи церквям применимы ко всем храмам Божьим, независимо от того, где и когда они были основаны, то в современных церквях мы можем найти сходство с каждой из тех семи церквей.

Господь адресовал Свое Слово церквям, похожим на Ефесскую. Некоторые церкви думают, что они очень близки к Божьему Царству, но в действительности многие из них не только оставили свою первую любовь, но и не способны ее возродить.

Однако в послании Бог обращается к конкретной церкви. Некоторое время после ее основания прихожане пытались жить в истине и во имя Господа переносили всё, в том числе и преследования. У них был пыл первой любви, они были едины в молитве даже в разгар гонений и всеми силами стремились к исполнению воли Божьей.

Они пытались прийти в более глубокие уровни духа и проповедовали Слово истины Божьей. Они усердно преумножали Царство Божье и были угодны Богу, и Бог благословлял их. Церковь увеличивалась изо дня в день. Члены ее получали благословения, и даже дела исцеления происходили в ней.

Но стоило церкви обрести постоянство и признание со стороны других церквей, как ситуация начала меняться. Последствия этого были серьезными.

Если бы они сразу же отвратились от греха, когда оставили свою первую любовь, то еще смогли бы ее восстановить. Однако их охватила гордость за то, что они многого достигли. Гордыня переросла в высокомерие, в мысль о том, что Сам Бог признал их.

Теперь они уже дошли до того, что судили, осуждали и критиковали другие церкви. Гордясь своим признанием, они судили и обвиняли другие церкви и их пасторов, называя их еретиками.

Слово Божье заповедует нам никогда не судить и не осуждать других. Поэтому нам следует рассматривать все через Слово Божье, но это не должно приводить нас к высокомерию, которое способно затмить наше видение и превратить нас в слепцов. Более того, ни один пастор, которого Господь держит в деснице Своей, не должен быть судим по личным и индивидуальным критериям, которые далеко не всегда безошибочны.

Члены церкви более не желали жертвовать собой и терпеть ради истины. Они все реже молились и, вместо того чтобы следовать воле Божьей, предпочли почивать на лаврах.

Внешне казалось, что церковь по-прежнему растет, но внутренний пыл и энтузиазм, некогда им присущие, угасли.

То же происходит и с верой человека. Приняв Господа, он не пропускает ни одного молитвенного собрания, участвует в евангелизации и с готовностью исполняет многочисленные церковные поручения до тех пор, пока в нем поддерживается пыл первой любви. Но со временем он может потерять интерес к своим обязанностям, не захочет больше исполнять их, попытается изменить их или вовсе от них отказаться.

Конечно, бывает так, что у человека слишком много поручений, и он пытается уследить за всем. Но совсем другое дело, когда он самовольно меняет обязанности, потому что больше не хочет их исполнять. Так как у него есть вера, он по-прежнему посещает богослужения и молитвенные собрания, но прежний пыл его уже угас, и он больше не растет в вере.

Фундаментальная причина уподобления церкви в Ефесе

Когда человек теряет первую любовь, все попытки вернуть ее приносят переживания и отчаяние. Возникает потребность сделать что-то, но со временем сердце становится все менее и менее чувствительным. Наконец любовь полностью исчезает. И для людей, и для церквей главной причиной угасания первой любви и уподобления церкви в Ефесе является отсутствие глубоко укоренившейся веры.

Деревья с глубокими корнями нелегко расшатать. Схожим образом, если наша вера глубоко укоренена в Слове Божьем и молитве, то мы сможем выстоять в любой ситуации. Если каждый день, с помощью Слова Божьего, мы находим в себе недостатки, молясь, меняем свои сердца, то у нас не будет причин терять полноту Духа. Обладая полнотой Духа, мы сможем избежать отчаяния и сердечных волнений.

Иногда кажется, что человек верует в Бога, проповедует другим Евангелие и молится, но у него нет глубокой веры, и поэтому он не приносит существенных плодов духовного пробуждения. Нет у него и свидетельств Божьей любви. Поэтому ум такого человека переменчив. Со временем он пойдет на поводу у обстоятельств. Вера его не развивается, а наоборот, угасает.

Итак, мы должны точно и быстро оценивать текущее состояние своей веры и при необходимости каяться и отвращаться от греха. В противном случае, Бог говорит, что сдвинет светильник с места его (Откровение, 2:5). Тогда Божья благодать и Дух Святой перейдут к другой церкви, дабы верующие исполнили Божью волю и провидение.

Таким образом, послание церкви в Ефесе призывает нас оценить собственную веру и веру других прихожан, чтобы определить, что угодно Господу, а за что Он строго взыщет.

Похвала Ефесской церкви

«Знаю дела твои, и труд твой, и терпение твое, и то, что ты не можешь сносить развратных, и испытал тех, которые называют себя апостолами, а они не таковы, и нашел, что они лжецы; ты много переносил и имеешь терпение, и для имени Моего трудился и не изнемогал» (Откровение, 2:2-3).

В посланиях семи церквям мы можем видеть, что Господь к разным церквям обращается по-разному. Некоторые из этих церквей получили как похвалу, так и упрек, другие – только упрек, третьи – удостоились лишь похвалы, а четвертым Он дает совет, воздерживаясь при этом и от похвалы, и от упрека.

Извлекая урок из того, как Господь говорит, обращаясь

к семи церквям, мы можем научиться наставлять других с лучшим результатом. Перед тем как Господь стал упрекать церковь в Ефесе, Он воздал должное ее достоинствам и лишь после этого указал на ошибки.

Если, пытаясь обратить внимание кого-либо на их упущения, мы с самого начала начнем укорять его, то его сердце сразу же закроется. И тогда наставление не достигнет своей цели. Если же в первую очередь говорить о его достоинствах, то тем самым мы расположим сердце этого человека, и он с большей готовностью примет наши советы о том, что необходимо изменить.

Итак, если человека совсем не за что восхвалять, то лучше вовсе отказаться от укоров. Ведь тогда он потеряет силу духа и уйдет. В таком случае лучше с любовью наставить его, безо всякого увещевания. Теперь давайте более подробно рассмотрим похвалу Господа в адрес церкви в Ефесе.

Церковь в Ефесе имеет терпение трудиться в Истине

Во-первых, церковь удостоилась похвалы Господа за терпеливый труд в истине. Пастор и верующие Ефесской церкви стремились жить по Слову Божьему, искореняя в себе все, что, согласно истине, было неправедным.

Заповеди, данные в Слове Божьем, можно разделить на четыре типа: что следует делать; от чего воздерживаться; что хранить; от каких вещей необходимо отступаться. Например:

«Любите друг друга», «Прощайте», «Не завидуйте», «Святить День Господень», «Искореняйте всякого рода зло» и т.д. Для того чтобы на деле исполнять эти слова, нам требуется терпение.

Например, Божье Слово велит нам святить День Господень. Значит, по воскресеньям мы должны ходить в церковь и поклоняться Богу в духе и истине. Мирские развлечения, купля-продажа, деловая активность запрещены в этот день. Чтобы следовать Слову, которое велит быть постоянными в молитве, мы должны усердно молиться.

Но сколько церквей сегодня в действительности достойны похвалы за исполнение Слова Божьего? Послание к Евреям, 10:24-25, гласит: *«Будем внимательны друг ко другу, поощряя к любви и добрым делам. Не будем оставлять собрания своего, как есть у некоторых обычай; но будем увещевать [друг друга], и тем более, чем более усматриваете приближение дня оного»*. Однако желание вести «удобную» христианскую жизнь приводит к тому, что такие собрания исчезают во многих церквях.

В Послании к Евреям, 12:4, сказано: *«Вы еще не до крови сражались, подвизаясь против греха»*. Здесь заповедано противостоять греху, если понадобится, до пролития собственной крови. 1-е послание к Коринфянам, 4:2, гласит: *«От домостроителей же требуется, чтобы каждый оказался верным»*. В Откровении, 2:10, говорится: *«Будь верен до смерти»*.

Чтобы искоренять в своих сердцах грехи и зло, мы

должны бороться с грехом до пролития крови. Чтобы сохранить до смерти верность своему долгу, мы, совершенно очевидно, должны быть выносливыми и терпеливыми. Даже если сами мы думаем, что усердно противостоим грехам и храним верность, нам не следует довольствоваться мыслями о собственных достижениях.

2-е послание к Коринфянам, 10:18, гласит: *«Ибо не тот достоин, кто сам себя хвалит, но кого хвалит Господь»*. То есть нас должен признать Господь. Это не значит, что нам следует искоренять грехи и хранить верность ради похвалы. Даже если мы трудимся не покладая рук, надо уметь признать, что мы сделали всего лишь то, что должны были сделать. Мы обязаны обладать сердцем рабов, ничего не стоящих (От Луки, 17:10).

Только тогда мы можем стать церквями и верующими, которые действительно достойны Господней похвалы. Именно потому, что церковь в Ефесе изо всех сил, терпеливо стремилась следовать истине, Господь мог удостоить ее слов похвалы: *«Знаю дела твои, и труд твой, и терпение твое»* (Откровение, 2:2).

Церковь в Ефесе не терпела развратных

Во-вторых, Господь высоко оценил членов церкви в Ефесе за то, что они не сносили развратных людей. Некоторые, неправильно понимая Слово Божье, могут сказать: «Церковь должна любить всех, поэтому нам следует принимать даже тех людей, которые грешат».

Конечно, в Господе мы обязаны прощать «седмижды семидесяти раз» и проявлять долготерпение, пока другие люди не изменятся. Но это не значит, что мы должны попросту оставить тех, кого грех толкает на путь смерти.

Когда дети идут неправильной дорогой, любящие родители не станут просто-напросто «прощать» их. Им не следует жалеть розги своей и портить ребенка. Лучше поправить его, когда в этом есть необходимость. То же самое и у Господа. В Боге нет никакой тьмы, Он свят. Он не приемлет никакого зла.

1-е послание к Коринфянам, 5:11-13, гласит: *«Но я писал вам не сообщаться с тем, кто, называясь братом, остается блудником, или лихоимцем, или идолослужителем, или злоречивым, или пьяницею, или хищником; с таким даже и не есть вместе. Ибо что мне судить и внешних? Не внутренних ли вы судите? Внешних же судит Бог. Итак, извергните развращенного из среды вас».*

Не следует превратно понимать эти слова. Они не значат, что мы должны держаться в стороне от неверующих или изолировать новообращенных, которые только начали обретать веру. Вместе с тем, если служители церкви в чине дьякона или старейшины, то есть те, кто должны иметь веру, совершают грехи, нам следует дистанцироваться и удалить таких людей из церкви.

Иисус говорил нам прощать до седмижды семидесяти раз (От Матфея, 18:22), так почему же Он наставляет нас не прощать таких людей, а устранять их из своей среды? Господь полон любви. Даже если кто-то согрешил и отвернулся от истины, Он милостиво простит его, если он покается и возвратится.

Но если человек, зная, что грешит, не отступается, это означает, что сердце его ожесточилось. На него обрушатся козни сатаны, и он будет творить все большее зло. В итоге он причинит великий вред всей церкви.

Церковь - это место спасения душ и преумножения Царства Божьего по воле Его. Такие люди служат помехой распространению Царства Божьего. Если мы позволим им делать то, что им вздумается, это подействует на других людей, как закваска на тесто. Именно поэтому Господь говорит нам удалять таких людей из своей среды. Но это не значит, что мы должны поступать так сразу же как они согрешат.

Как наставлять согрешившего брата

Евангелие от Матфея, 18:15-17, говорит нам: *«Если же согрешит против тебя брат твой, пойди и обличи его между тобою и им одним: если послушает тебя, то приобрел ты брата твоего; если же не послушает, возьми с собою еще одного или двух, дабы устами двух или трех свидетелей подтвердилось всякое слово. Если же не послушает их, скажи церкви; а если и церкви не послушает, то да будет он тебе, как язычник и мытарь».*

Если брат по вере поступил неправильно, мы должны не рассказывать об этом окружающим, а с любящим сердцем наставить его на путь истинный. Если на этом этапе он отвратится от греха, не пойдет путем погибели, то сможет спастись. Но если он не желает ничего слышать, то нам следует рассказать об этом только нескольким служителям – лидерам церкви, чтобы они наставили его.

Если он не желает слушать даже их, то во исполнение заповеди мы должны поставить в известность пасторов –руководителей церкви. Они будут наставлять согрешившего по Слову Божьему или же, если в этом будет необходимость, строго накажут его, чтобы он перестал грешить. Если он по-прежнему остается глух к наставлению, то Бог заповедует нам считать его подобным язычнику или мытарю. Если позволить ему грешить и дальше, то он введет в грех других членов церкви и тем самым причинит церкви огромный вред.

Дело не в том, что Бог не имеет любви и поэтому говорит нам не сносить творящих зло в церкви. Эта заповедь оберегает большинство душ для того, чтобы сохранить святость всей церкви. Церковь была выкуплена ценой Крови Господней и является Телом Христовым.

Мы должны помнить о том, что наше увещевание брата по вере будет тщетным, если сами мы не живем в истине. Если мы не живем в истине, но наставляем брата, говоря, что «Бог ненавидит грех» и что «следует всегда радоваться, постоянно молиться и за все благодарить», то слова наши будут иметь негативные последствия.

Иисус сказал в Евангелии от Матфея (7:3-5): «*И что ты смотришь на сучок в глазе брата твоего, а бревна в твоем глазе не чувствуешь? Или как скажешь брату твоему: "дай, я выну сучок из глаза твоего", а вот, в твоем глазе бревно? Лицемер! вынь прежде бревно из твоего глаза и тогда увидишь, [как] вынуть сучок из глаза брата твоего*».

Прежде чем наставлять ближнего, мы должны, во-первых, искоренить в себе зло и очиститься от всякой неправды. Лишь после этого следует наставлять других. Выполнив эти условия, мы будем способны давать другому человеку советы, которые не обидят его и будут правильно поняты. Такое наставление должно быть принято с радостью.

В 1-м послании Петра, 1:16, Бог заповедовал нам быть святыми, потому что Он свят. У нас есть основание быть святыми. Бог отдал Своего Единственного и Единородного Сына, Иисуса Христа, в качестве искупительной жертвы за наши грехи. Он также даровал верующим Святого Духа, чтобы мы могли искоренять в себе грехи и жить в Свете. Как же Бог может тогда допустить грех в церкви, являющейся Телом Христовым?

Но в действительности сегодня существует не мало церквей, которые не будут ни увещевать, ни наставлять творящих зло. Они либо игнорируют, либо сносят это. Лидеры церкви беспокоятся: если членов церкви начать наставлять или отчитывать, указывая им на их грехи, то они уйдут из церкви. Кое-кто имеет плотскую привязанность или симпатизирует злым людям. Другие идут на компромисс ради достатка и власти и терпят нечестивых людей в церкви.

Но какова задача церкви? Учить детей Божьих жить в истине и приводить как можно большее число душ в Царство Небесное. Пастор и церковное руководство должны строго предостерегать всех от того, что является грехом пред Богом и что ведет верующих к погибели, чтобы они отвратились от греха. Они должны поощрять и наставлять членов церкви с любовью, чтобы те искореняли в себе грехи и жили в святости.

Церковь в Ефесе испытывала и разоблачала лжеапостолов

В-третьих, члены церкви в Ефесе удостоились похвалы за то, что они испытали тех, кто называл себя апостолами, не являясь таковыми, и поняли, что они лжецы. Здесь, «апостолы» – это не двенадцать учеников Иисуса и не апостол Павел. Это общий термин для тех, кто имеет церковный чин и обязанности.

В современной церкви имеется множество чинов: это и служители, и старейшины, и старшие дьяконы, и дьяконисы. Некоторые из них, независимо от того, обладают они в действительности верой или нет, получили эти титулы просто потому, что достаточно долго посещали церковь. Даже если мы получаем высокие звания и многочисленные обязанности, они не имеют значения, если нас не признает

Бог.

Даже если мы и получили звание, поскольку продолжительное время посещали церковь или внешне выглядели прилично, но нас не признает Бог, мы только апостолы, называющие себя так, но таковыми не являющиеся. Тогда, что же значит, что они, Ефесская церковь, испытали тех, кто называл себя апостолами, а они таковыми не являлись, и нашли их лжецами?

Предположим, что пастор учит членов церкви отвергать грехи, нечестие и жить по Слову Божьему. Имеющие веру примут это, скажут «аминь» и послушаются. В Послании к Евреям, 4:12, мы читаем, что, когда *«слово Божье живо и действенно и острее всякого меча обоюдоострого: оно проникает до разделения души и духа, составов и мозгов»*, тогда мы сможем разобраться, что соответствует истине, покаяться и отвратиться от грехов.

Но ожесточившиеся сердцем не отвратятся от грехов, даже услышав Слово Божье. Скорее всего, обнаружив, что их грех выставлен на всеобщее обозрение, они будут вводить в заблуждение других прихожан, негативно отзываться о приходе и пасторе и уйдут из церкви. Так обнажится правда о тех, кто, не будучи апостолами, называют себя ими.

Даже среди пасторов есть такие, кто называют себя апостолами, но не являются ими. Они, со Словом Божьим на устах, судят и осуждают другие церкви и их служителей. И сами они стали слепцами, которые ведут всю паству по неверному пути. Так произошло с первосвященниками, фарисеями и книжниками.

В главе 23-й Евангелия от Матфея Иисус называет их «вождями слепыми», говоря: *«Так и вы по наружности кажетесь людям праведными, а внутри исполнены лицемерия и беззакония»* (ст. 28).

Иногда Бог допускает испытания в церкви, чтобы разоблачить такого рода неправду. Во время этих испытаний церковь может столкнуться с серьезными гонениями и трудностями.

Например, когда Стефан указал на грехи и порочность людей, они оскорбились и побили его камнями. Аналогично проявляют себя и злые люди, когда им открыто указывают на их грехи. Когда Бог допускает испытания, чтобы разоблачить лжеапостолов, те, чья вера слаба, могут потерять ее вовсе.

Но имеющие истинную веру не дрогнут ни в какой ситуации. Подобно тому, как земля делается тверже после дождя, они, в результате таких испытаний, только укрепятся в вере и станут более добродетельными. Кроме того, пройдя испытания, не только отдельные верующие, но и вся церковь получат Божьи благословения.

Церковь в Ефесе многое перенесла, имела терпение, для имени Господа трудилась и не изнемогала

В-четвертых, Господь удостоил Ефесскую церковь похвалы за то, что она многое перенесла, имела терпение, не изнемогая, трудилась для имени Господа. Если, слушая Слово Божье, мы благодаря этому находим в себе грехи, то нам следует покаяться, отвратиться от них и жить по Слову Божьему.

Но иногда, когда людям через проповедь Слова Божьего указывают на их грехи, они могут повести себя вызывающе, начать выяснять отношения. Однако истинный пастырь будет терпимо относиться и к таким людям. Он со слезами на глазах молится о них, принимает их с любовью, продолжает увещевать их словом жизни, чтобы они не шли путем, ведущим к погибели.

Моисей в одиночестве поднялся на гору, молился сорок дней, чтобы получить Десять Заповедей Божьих. В это время Израильский народ сделал себе идола и стал ему поклоняться. Это было великим грехом. Бог в гневе возжелал стереть с лица земли Израильтян. Но Моисей молился за них со слезами на глазах (Исход, 32:31-32).

Апостола Павла, во время проповеди Евангелия, избили и бросили в темницу. На его долю выпало много страданий, но он все перенес и вытерпел ради Иисуса Христа. Пастор церкви в Ефесе также долго терпел во имя Господа, трудился и не изнемогал, чем и заслужил Его похвалу.

Если пастор устанет и будет лениться, он перестанет молиться. В этом случае он не способен защитить свою паству в духовной битве с врагом дьяволом, не сможет вернуть назад заблудшую овцу.

Только тогда, когда пастор усердно трудится, он может

уберечь свое стадо и исполнить свой долг. Именно так должны поступать церковь и ее пастор сегодня, чтобы заслужить похвалу Господа.

Особенно сейчас, во времена последние, когда мир полон греха, нужно быть еще более стойким, чтобы вести за собой паству к Небесному Царству. Хотя мы и учим истине, приводим доказательства, которые позволяют людям уверовать, можно видеть, что некоторые души все еще дружат с миром и бродят во тьме. Поэтому мы должны молиться о них со слезами скорби. Мы всегда должны сохранять бдительность, заботиться о душах с любовью, не изнемогая и не ленясь.

Сегодня даже среди верующих есть люди, которые искажают правду. Прикрываясь словами о взаимопонимании и гармонии, они идут на компромисс с этим миром. Поэтому нам многое приходится выносить ради имени Господа. Если в нас живет истинная вера в Господа, мы будем переносить все с радостью, благодарить Бога за каждое искушение и испытание. Мы будем, не изнемогая, усердно молиться и исполним свой долг сполна.

Упрек Господа Ефесской церкви

«Но имею против тебя то, что ты оставил первую любовь твою. Итак вспомни, откуда ты ниспал, и покайся, и твори прежние дела; а если не так, скоро приду к тебе, и сдвину светильник твой с места его, если не покаешься» (Откровение, 2:4-5).

Ефесская церковь удостоилась похвалы за то, что терпела и усердствовала, следуя истине, не сносила развратных, испытывала лжеапостолов, многое переносила ради имени Господа и неустанно трудилась для этого. Однако эта церковь совершала также поступки, за которые удостоилась упрека.

Церковь в Ефесе оставила первую любовь

Ефесяне получили одобрение Господа, но позже Он строго предупредил их о том, что сдвинет светильник с места его. Дело в том, что они оставили первую любовь и прежние дела свои. Почему Господь упрекает в этом Ефесскую церковь?

В Евангелии от Иоанна, 14:21, сказано: *«Кто имеет заповеди Мои и соблюдает их, тот любит Меня; а кто любит Меня, тот возлюблен будет Отцем Моим; и Я возлюблю его и явлюсь ему Сам»*. 1-е послание Иоанна, 5:3, гласит: *«Ибо это есть любовь к Богу, чтобы мы соблюдали заповеди Его; и заповеди Его не тяжки»*.

Пастор и члены церкви в Ефесе любили Бога и поначалу противостояли грехам, решительно искореняли их. Они стремились жить по Слову Божьему, упорно трудились и добивались побед с радостью и благодарностью, но со временем эти верующие отдалились от истины.

В какой-то момент они потеряли свою первую любовь. Они более не старались собираться и прекратили молиться. Они оставили попытку жить в истине и вернулись в мир.

Большинство людей, которые впервые встречают Бога и получают Святого Духа, с избытком наполняются радостью полноты Святого Духа. Они приходят на каждое собрание и различные встречи, постоянно и усердно молятся. Кроме того, уверовав в существование Небес и ада, они проповедуют Евангелие своим братьям, родственникам и соседям. Они испытывают счастье, когда проводят время вместе со своими братьями по вере. Они с нетерпением ждут воскресенья и приходят в церковь со страстным желанием услышать Слово Божье.

Но в определенный момент пыл первой любви охлаждается: хотя они по-прежнему ходят на собрания, но служить в духе и истине им не удается. Они посещают собрания просто из чувства долга. Не только во время проповеди, но и во время молитвы они могут заснуть. У них нет сил противостоять порокам и искоренять их, и, вновь запятнав себя грехами, они идут на поводу у мира.

Что происходит с нашей верой сегодня? Почему мы не размышляем о чувстве первой любви, когда мы только обрели Святого Духа и наши сердца были наполнены небывалым счастьем? Вспомнив о том, каким было наше сердце в начале духовного пути, многие ли из нас с уверенностью скажут, что их первая любовь не угасла, чувства не изменились? Не думаем ли мы, что первая любовь обычно всегда проходит?

Однако Господь упрекает именно за потерю первой любви. Кроме того, Он говорит нам:

«Вспомни, откуда ты ниспал, и покайся, и твори прежние дела» (ст. 5). Мы должны осознать, в какой момент наш первоначальный энтузиазм начал пропадать. Мы должны покаяться и отвратиться от греха, чтобы вернуться к прежним делам, возродить прошлый пыл и полноту духа.

Причины, по которым оставляют первую любовь

Когда мужчина и женщина горячо любят друг друга, они вступают в брак и становятся единым целым. Но, бывает, со временем все меняется, они отрекаются от своей первой любви. Если бы они сохранили свои первоначальные чувства, то их отношения всегда оставались бы хорошими и не было бы проблем.

То же и с нашей любовью к Богу и Господу. Одни говорят, что из-за действий братьев по вере они подверглись испытаниям. Другие утверждают, что несколько раз пропустили воскресные собрания, чтобы подзаработать денег, и теперь трудно соблюдать День Господний. Третьи заявляют, что у них не было взаимопонимания с пастором, или же говорят, что сами навлекли на себя испытания из-за того, что поставили под сомнение слова проповеди.

Однако самой главной причиной потери первой любви является тот факт, что мы вновь обращаемся к неправде, которую до этого искореняли в себе. Даже если сейчас мы преисполнены Духа, то, стоит нам вновь погрузиться в мир и принять его правила, и мы можем впасть в грех.

«Не любите мира, ни того, что в мире: кто любит мир, в том нет любви Отчей. Ибо все, что в мире: похоть плоти, похоть очей и гордость житейская, не есть от Отца, но от мира сего» (1-е посл. Иоанна,

2:15-16).

Возможно, верующий усердно обрезал свое сердце, наполненное первой любовью, но через несколько лет обнаружил, что находится на прежнем уровне и совсем не развивается духовно. Ему приходится преодолевать одни и те же испытания, или же постоянно сталкиваться с формами зла, которые казались уже изжитыми.

Это удручает сердце человека, и, чувствуя себя подавленным, он думает, что надо передохнуть от тщетных усилий. И вот, он уже ищет плотских развлечений и отдыха в миру. Кажется, что достаточно будет лишь немного развлечься и отдохнуть, а на самом деле, стоит только окунуться в мирское окружение, и свернуть с этого пути уже будет трудно.

«И сдвину светильник твой с места его»

Духовные проблемы никогда не разрешатся мирскими способами. Когда рост веры замедляется или вовсе останавливается, христианин должен искать духовные пути выхода из проблемы. Ему следует усерднее молиться Богу о благодати и силе свыше, чтобы получить помощь Святого Духа.

Для этого нам необходимо помнить, откуда мы «ниспали», покаяться и отвратиться от греха. Мы должны разрушить стену греха, возведенную в тот момент, когда мы оставили первую любовь и прежние дела свои. Лишь тогда сможем мы снова обрести силу и благодать. Нам следует не просто покаяться, наше сердце должно рваться на части от раскаяния.

«Бог Отец отдал Своего Единственного и Единородного Сына за меня. Господь пошел на крест за меня, принял столько мучений и издевательств, чтобы показать Свою любовь ко мне. Как я мог оставить Его любовь и благодать?».

Такое покаяние должно исходить из глубины нашего сердца и дать свои плоды. Мы должны наполниться Духом и вернуться к прежней, полной энтузиазма христианской жизни.

Господь, упрекая церковь в Ефесе за отречение от своей первой любви, призывает ее к покаянию. В противном случае Он «сдвинет светильник с места его». Здесь, «светильник» относится к церкви, и фраза эта имеет два основных значения.

Во-первых, «сдвинуть светильник с места его» – значит, что Господь заберет Святого Духа из сердца каждого человека.

1-е послание к Коринфянам, 3:16, гласит: *«Разве не знаете, что вы храм Божий, и Дух Божий живет в вас?»*. Наше тело есть святой храм Божий. «Сдвинуть светильник» – значит, сдвинуть церковь, тело Господне. Итак, здесь подразумевается, что Господь заберет Святого Духа, живущего в наших сердцах.

1-е послание к Фессалоникийцам, 5:19, говорит: *«Духа не*

угашайте», а 1-е послание к Коринфянам, 3:17, сообщает: *«Если кто разорит храм Божий, того покарает Бог, ибо храм Божий свят; а этот [храм] – вы»*. Бог говорит, что Он покарает того человека, который разорит храм Божий. Это значит, что, если Бог заберет от нас Святого Духа, мы более не сможем быть святым храмом Божьим.

Если, получив Святого Духа, мы потеряем первую любовь и будем дружить с миром, живя в грехе, Святой Дух не сможет жить в наших сердцах как в святом храме. Если мы покаемся и отвратимся от греха до того, как Дух Святой в нас угаснет, Бог пошлет нам Свою благодать и даст еще один шанс. Но если мы не покаемся и не отвратимся от греха, если будем идти против законов Божьей справедливости, то Святой Дух заберется от нас.

Но пока этого не произошло, Святой Дух помогает человеку осознать его грех. Из-за стенания Святого Духа он будет ощущать тревогу в сердце, беспокойство и волнение. Кроме того, через Слово Свое Бог дает ему шанс покаяться. Но если он не покается и лишится Духа Святого, то, естественно, Дух Святой больше не сможет ему помочь. Благодаря знанию истины, человек может постараться отступиться от греха, но без помощи Святого Духа он не сможет покаяться.

Вместо покаяния он попытается обрести комфорт в сердце, ища утешения в плотских удовольствиях этого мира. Дойдя до такого состояния, уже очень трудно вернуться назад. Без жертвы любви, стоящей за Божьей справедливостью, такому человеку была бы уготована вечная погибель. Поэтому все дети Божьи, получившие Святого Духа, ни за что не должны попадать в такую ситуацию.

Во-вторых, «сдвинуть светильник с места его» - значит, что Господь лишит церковь Духа Святого.

Если любовь охладеет, то не только отдельные верующие, но и вся церковь лишится дел Духа Святого, и духовное пробуждение остановится.

В начале основания церкви верующие взывают к Богу в молитвах, но, пережив духовное пробуждение, они теряют свой пыл. Они больше не молятся ревностно, перестают собираться вместе, не проявляют усердия в евангелизации.

Когда деяния Святого Духа в церкви постепенно сходят на нет, верующие впадают в духовную дрему. Если деяния Святого Духа прекращаются, то нелегко вновь разжечь огонь молитв и возродить полноту Духа. В церкви, которая оставила первую любовь, Бог сдвигает светильник, и Дух Святой прекращает свою работу.

Если Святой Дух более не трудится в церкви, сатана немедленно сеет раздор и склоки. Ситуация может дойти до того, что эта церковь прекращает существование. Когда Святой Дух не может действовать в церкви, это значит, что церковь не исполняет своего назначения.

Поэтому мы, верующие, живущие в конце времен, должны помнить о сказанном в 1-ом послании Петра (4:7): *«Впрочем близок всему конец. Итак будьте благоразумны и бодрствуйте в молитвах»*. Мы обязаны бодрствовать. Если мы потеряли первую любовь, нам следует незамедлительно покаяться и отвратиться от греха, чтобы Бог не сдвинул светильник с места его.

Совет и благословение, данные Господом церкви в Ефесе

«Впрочем то в тебе [хорошо], что ты ненавидишь дела Николаитов, которые и Я ненавижу. Имеющий ухо да слышит, что Дух говорит церквам: побеждающему дам вкушать от древа жизни, которое посреди рая Божия» (Откровение, 2:6-7).

После того как Господь высказал похвалу, а затем и упрек в адрес церкви в Ефесе, Он сказал еще несколько слов одобрения, и в этом - Божья мудрость. Упрек Господа, в адрес пасторов и членов церкви в Ефесе, в том, что они оставили свою первую любовь, не был незначительным.

Угроза «сдвинуть светильник с места его» значит, что их имена будут вычеркнуты из небесной Книги жизни и что они лишатся спасения. Кроме того, для церкви это означает, что она не способна исполнять свой долг - быть телом Христовым и что дела Духа Святого в ней более не совершаются.

Как потряслись, должно быть, услышавшие это послание! Если верующий приходит за советом, а ему говорят, что Бог лишит его Духа Святого и что он не сможет получить спасения, то он, наверняка, будет в шоке.

Такой же эффект произвело и послание Ефесской церкви. Поэтому, сделав пастору и членам этой церкви строгое нарекание, Господь подготовил для них и слова одобрения, чтобы они не потеряли силы духа, покаялись и продолжили свой путь в вере. Господь отметил факт того, что церковь в Ефесе ненавидела дела Николаитов.

Церковь в Ефесе ненавидела дела Николаитов

Николаиты были группой, которую сформировал один из семи дьяконов ранней церкви, Николай. В те времена церковь стремительно росла (Деяния, 6:7), в связи с чем были избраны дьякона, которые отвечали за организационные вопросы церковной жизни, так что апостолы могли сконцентрироваться на Слове Божьем и молитвах.

«Тогда двенадцать [Апостолов], созвав множество учеников, сказали: нехорошо нам, оставив слово Божие, пещись о столах. Итак, братия, выберите

из среды себя семь человек изведанных, исполненных Святого Духа и мудрости: их поставим на эту службу, а мы постоянно пребудем в молитве и служении слова» (Деяния, 6:2-4).

Они избрали семь достойных мужей, исполненных Духа и мудрости, на которых они могли возложить заботу о церкви. Николай был одним из них. Его ценили за то, что он был исполнен веры и Святого Духа. Но позже он сошел с пути истинного.

Он учил, приблизительно, так: «Дух чист, безгрешен и освящен. Люди грешат, потому что их физические тела грешны. Грех никак не соотносится с духом, который обитает внутри человека. Поэтому, когда Бог призовет наш дух, тело обратится в прах, и сколько бы грехов не совершило тело, дух будет спасен».

Однако Слово Божье говорит нам, что, даже после того как мы приняли Иисуса Христа в качестве Спасителя, Святой Дух может угаснуть, если мы будем продолжать грешить. Если мы будем вновь и вновь, совершая грехи, распинать Господа, то не сможем даже покаяться.

«Ибо невозможно – однажды просвещенных, и вкусивших дара небесного, и соделавшихся причастниками Духа Святого, и вкусивших благого глагола Божия и сил будущего века, и отпадших, опять обновлять покаянием, когда они снова распинают в

себе Сына Божия и ругаются [Ему]» (Посл. к Евреям, 6:4-6).

Мнение Николая искажало Слово Божье. Чтобы следовать Слову Божьему, нужно быть трудолюбивым и стойким. Николаиты учили, что спастись можно, даже если грешишь. Это очень привлекало людей, которые любили мир и жили во тьме. Даже если они когда-то и пытались бороться с грехами, то, будучи обманутыми, они могли вновь вернуться к жизни в миру.

Если кто-то проповедует такое учение и церковная община соглашается с ним, то вскоре вся церковь будет запятнана грехами. И сегодня любые хитроумные попытки исказить Слово Божье, по сути, являются теми же делами Николаитов.

Если человек обладает высоким положением или титулом в церкви, преисполнен Духа Святого и многие хвалят его, сатана будет делать свое дело, чтобы отвратить его от истины, до тех пор, пока служитель полностью не преобразится в духе. Поэтому мы должны всегда бодрствовать и противостоять испытаниям и искушениям.

Нужно быть осторожными по поводу следующего: ненавидеть все, что противно воле Божьей, – это правильно. Но мы должны распознавать волю Божью по Слову Божьему, чтобы не возмутить Духа Святого своей самонадеянностью. Дело в том, что если мы судим и осуждаем церковь или пастора, которым сопутствуют дела Святого Духа, то тем самым мы возводим великую стену греха между собой и Богом.

Обетование Божье - победителям

После того как мы выслушали Слово, недостаточно просто хранить его в качестве знания. Чтобы побеждать грех, мы должны посадить его в своем сердце, дать ему вырасти и с помощью Святого Духа собрать плоды. Здесь, «побеждать» – значит возродить первую любовь и снова жить в истине.

Когда мы получаем Святого Духа и слушаем Слово Божье, запечатлев его в своем сердце и следуя ему, мы побеждаем мир, полный грехов. Поэтому «побеждающие» – это те, кто возродил в себе первую любовь. Господь обещает таким людям: *«Побеждающему дам вкушать от древа жизни, которое посреди рая Божия».*

Плод древа жизни есть не только в Раю, но и во всякой обители небесной, включая Новый Иерусалим. Почему же Господь обещает, что даст верующим вкушать от древа жизни в Раю? Здесь, выражение «вкушать от древа жизни, которое посреди рая Божия» имеет два смысла.

Во-первых, оно значит, что они попадут в Рай, низшую обитель Небесного Царства. В Небесном Царстве имеются разные категории обителей, которых удостаиваются верующие в зависимости от их меры веры. Рай – это место, дарованное одному из разбойников, находившемуся рядом с Иисусом, когда Его распинали, и покаявшемуся на кресте.

Верующие Ефесской церкви потеряли свою первую любовь, и поэтому, даже покаявшись и отвратившись от греха, они едва обрели спасение.

Но если, даже потеряв свою первую любовь, они бы вспомнили, где оступились и, покаявшись, вернулись на путь веры, они смогли бы удостоиться лучших небесных обителей. Однако, оставаясь на уровне возрождения первой любви, они смогли получить лишь позорное спасение, ведущее только в Рай.

Другое значение «рая» относится к Царству Небесному в целом. Это послание предназначено не только церкви в Ефесе, но и всем церквям. Если мы возродили первую любовь и попали в Небесное Царство, каждый из нас может вкусить от древа жизни.

Бог Любви желает, чтобы мы возродили свою первую любовь

Иисус Христос, вчера и сегодня и вовеки, Тот же, и Он относится ко всем детям Божьим с неизменной любовью. Тогда как люди иногда оставляют свою любовь к Господу и подчиняются своим желаниям и соображениям выгоды, идут на поводу у переменчивой природы плоти. Их первая любовь непостоянна.

Но Бог Любви не отвращает Свой лик от них и не осуждает даже тех людей, которые, раскаявшись, возвращаются к Нему, желая возродить свою первую любовь и прежние дела. Он не помнит прошлого и любит их с неизменным сердцем. Таково сердце Божье.

Церковь в Ефесе могла бы удостоиться похвалы от Господа, но ей также пришлось получить и строгое предупреждение о том, что Он «сдвинет светильник с места его». Ведь эта церковь оставила свою первую любовь.

Однако истинная цель, ради которой Господь укоряет церковь в Ефесе, заключалась не в том, чтобы напугать и погубить ее. Он хотел привести этих людей к покаянию. Чтобы позволить им победить все и жить с Ним в Царстве Божьем.

Воля Божья заключается в том, чтобы Его дети искоренили в себе грех и стали святыми, возрастая в вере и истине. Но, до тех пор пока мы не достигли полного освящения, сатана всегда будет подвергать соблазнам и испытаниям. Поэтому мы должны помнить, что каждый может впасть в искушение и потерять первую любовь, если не будет бодрствовать.

Если в сердце своем мы высокомерно полагаем, что были верны и неизменно преданны Господу, то, возможно, никогда не сможем пробудиться от духовного сна.

Даже если мы поступили правильно, нам следует иметь сердце недостойного раба, думая так: «Мы рабы, ничего не стоящие. Мы сделали то, что должны были сделать». Только тогда, когда Святой Дух дает это понимание и направляет нас, мы можем прийти к покаянию, возродить первую любовь и вернуться к первоначальным делам.

Пришло время проверить, не потеряли ли мы свою первую любовь к Господу, потому что любовь эта, постоянно преумножаясь, будет угодна Богу.

Глава 2

Церковь Смирны

- Преодолевая испытания веры

Смирнская церковь претерпела много страданий, включая мученичество Поликарпа. Эта церковь была уникальна среди семи церквей. Она не получила ни похвалы, ни укора, а только совет. Вместе с тем этой церкви было дано обещание, что если они преодолеют многие страдания и сохранят верность до смерти, то обретут венец жизни.

Это послание адресовано всем церквям и верующим, которые страдают во имя Господа, а также церкви и верующим, которые отправятся в Северную Корею, чтобы с Божьей помощью исполнить свой долг в стране, не ведающей Евангелия.

Откровение, 2:8-11

«И Ангелу Смирнской церкви напиши: так говорит Первый и Последний, Который был мертв, и се, жив: Знаю твои дела, и скорбь, и нищету (впрочем, ты богат), и злословие от тех, которые говорят о себе, что они Иудеи, а они не таковы, но сборище сатанинское.

Не бойся ничего, что тебе надобно будет претерпеть. Вот, диавол будет ввергать из среды вас в темницу, чтобы искусить вас, и будете иметь скорбь дней десять. Будь верен до смерти, и дам тебе венец жизни.

Имеющий ухо (слышать) да слышит, что Дух говорит церквам: побеждающий не потерпит вреда от второй смерти».

Послание Господа церкви Смирны

«И Ангелу Смирнской церкви напиши: так говорит Первый и Последний, Который был мертв, и се, жив» (Откровение, 2:8).

Смирна известна тем, что там родился греческий поэт Гомер, автор древнейших эпических поэм - «Илиады» и «Одиссеи». Евреи начали селиться в Смирне с древних времен. Этот город являлся крупным центром торговли, как и город Ефес, и был также средоточием идолопоклонства: там находилось множество алтарей для поклонения языческим богам и императору.

В те времена жители Смирны называли римского императора «господом», полагая, что на всей земле существует лишь один император. Однако христиане верили и признавали, что подлинная власть принадлежит не римскому императору, а Иисусу Христу. За это им пришлось отдать свои жизни. Власти Смирны сотрудничали с римскими властями и сурово преследовали христиан.

Некий проконсул приказал Поликарпу, епископу Смирнской церкви и ученику апостола Иоанна, только один раз отречься от Иисуса Христа и признать, что кесарь – это «господь бог». Тот решительно отказался и ответил: «Господь Иисус ничем не обидел меня: как же я могу отречься от Господа моего?».

Как и многие, исповедовавшие имя Господа, он был предан огню. Огонь, который какое-то время горит, а потом угасает, не смог отнять его веры.

«Первый и Последний, Который был мертв, и се, жив»

Обращаясь к церкви Смирны, Господь назвал Себя «Первым и Последним, Который был мертв, и се, жив».

В книге Откровения, 22:13, мы можем найти схожие выражения, такие, как «Альфа и Омега», «начало и конец», «Первый и Последний». Однако их духовный смысл различен.

Во-первых, «Альфа и Омега» значат, что Господь есть начало и конец всех цивилизаций.

«Альфа» и «Омега» – это первая и последняя буквы

греческого алфавита, используя который, Иоанн написал книгу Откровения. Первая буква современного алфавита, «А», происходит от первой буквы греческого алфавита - «альфы». Последней же его буквой была «омега». Сходство с греческими буквами имеют и многие алфавиты европейских языков.

Письменность позволила человечеству зафиксировать свои мысли, накопить знания и мудрость, необходимые для развития цивилизаций.

Бог есть Первоисточник знаний и мудрости. Поэтому цивилизация и культура стали развиваться только потому, что Бог наделил людей мудростью и знаниями. Развитие современной цивилизации придет к концу, когда Господь вернется на эту землю.

Упоминая первую и последнюю буквы алфавита, которые обозначают цивилизации, Бог желает, чтобы мы знали, что Господь есть начало и конец всего.

Слова о том, что Господь – это «начало и конец», значат, что в Нем начало и конец взращивания человечества. Как сказано, *«все чрез Него начало быть, и без Него ничто не начало быть, что начало быть»* (От Иоанна, 1:3). Бог сотворил все и начал возделывание человечества на этой земле через Иисуса Христа, и через Иисуса Христа Бог завершит все.

Каков же тогда смысл слов, которыми Господь представляет Себя верующим: «Первый и Последний, Который был мертв, и се, жив»?

«Первый» - значит, что Он есть Первенец Воскресения. В Послании к Римлянам, 5:12, говорится: *«Посему, как одним человеком грех вошел в мир, и грехом смерть, так и смерть перешла во всех человеков, [потому что] в нем все согрешили»*. Всем потомкам Адама уготована была смерть, потому что духовный закон гласит: *«Возмездие за грех – смерть»* (Посл. к Римлянам, 6:23).

Иисус – Единственный и Единородный Сын Божий. Он был распят за нас, Он искупил наши грехи. Поэтому всем, кто принимает Иисуса Христа как Спасителя, могут быть прощены грехи; они могут сойти со смертного пути и получить спасение. Иисус был совершенно безгрешен, и поэтому Он воскрес на третий день, став первым плодом Воскресения.

Под «Последним» подразумевается Второе пришествие Господа, «грядущего на облаке». Когда Господь придет, взращивание человечества завершится. Во время Второго пришествия Господа, «грядущего на облаке», верующие в Него, как мертвые, так и живые, станут плодами Воскресения.

Во время Семи лет Великой Скорби будет еще и «собирающее спасение». Но, по большей части, дело спасения будет завершено ко Второму пришествию Господа. В тот момент подойдет к концу эра Святого Духа. Поэтому «Последний» подразумевает Второе пришествие Господа – время, когда Он будет пожинать плоды Воскресения.

Господь Иисус, Первый и Последний, также сказал: «[Я]

был мертв, и се, жив». Это относится к воскресению после распятия. Иисус, несомненно, умер и воскрес, и это имеет решающее значение для нашей христианской жизни.

Ведь Послание к Римлянам, 10:9, гласит: «Ибо если устами твоими будешь исповедывать Иисуса Господом и сердцем твоим веровать, что Бог воскресил Его из мертвых, то спасешься». Лишь уверовав в Воскресение Господа Иисуса, мы можем получить спасение.

Ученики и первые христиане засвидетельствовали Воскресение Господа

Сегодня многие люди просто посещают церковь, не имея уверенности в Воскресении Господа. А раз у них нет убежденности в этом, значит, нет ни веры, ни горячего стремления жить по Слову Божьему.

Во время трех лет Своего служения вместе с учениками Иисус доказал, что Он Сын Божий, сотворив множество знамений и чудес. Он также предсказал Свою смерть на кресте и воскресение, которое разрушит власть смерти. И все же, когда Иисуса схватили и приговорили к распятию, все ученики в страхе разбежались.

Даже Петр, который утверждал, что скорее умрет, чем отречется от Господа, трижды отрекся от Него. В то время он еще не имел Святого Духа и не мог до конца, всем сердцем, уверовать в Воскресение Иисуса.

Но с ними произошла огромная перемена. Ученики,

которые сначала от страха разбежались, потом стали свидетельствовать об Иисусе Христе даже под угрозой смерти. Кто-то из них стал жертвой львов, другие были обезглавлены, третьих разрубили надвое. Один из учеников был приговорен к распятию на кресте вниз головой.

Они могли свидетельствовать о Господе до последнего, несмотря на чудовищные страдания, потому что сами, лично, видели воскресшего Господа. Они своими глазами видели, что Господь воскрес, и поэтому обрели уверенность в Воскресении. Они преисполнились надеждой на Небесное Царство, страх смерти перестал существовать для них, и они смогли принести свои жизни в жертву Господу.

Не только Его ученики, но и многие члены первых христианских церквей стали свидетелями Воскресения и Вознесения Господа. Они тоже получили уверенность в воскресении и надежду. Благодаря их самопожертвованию, христианство стремительно распространилось, несмотря на жестокие гонения со стороны римских властей, и, как результат, Римская империя стала христианской державой.

Если бы они сами не были свидетелями и не уверовали бы в Воскресение Господа, разве смогли бы они до конца сохранить свою веру, когда их подвергали суровым гонениям? Нет. Они могли смело проповедовать Евангелие только потому, что были очевидцами Воскресения Господа. И Воскресение Господа они проповедовали не только на словах.

В Евангелии от Марка, 16:20, сказано: *«А они пошли*

и проповедывали везде, при Господнем содействии и подкреплении слова последующими знамениями». Поскольку происходили знамения и чудеса, совершить которые не в человеческих силах, люди поверили их словам.

Мировая история свидетельствует о Воскресении Господа

О том, что Иисус был на этой земле, свидетельствует история. Мировое летоисчисление по году Его рождения делится на два основных периода: до Р. Х. (до Рождества Христова) и от Р. Х. (от Рождества Христова начинается исчисление нашей эры).

Лишь факт того, что вся история развития человечества разделена на периоды, относящиеся ко времени до Рождества Иисуса и после, свидетельствует о том, что Иисус действительно был на этой земле. К тому же факт рождения, распятия и Воскресения Иисуса подтверждается историей Израиля.

В то время, когда родился Иисус, Израиль находился под Римским владычеством. Существуют исторические документы, запечатлевшие Рождение и Воскресение Иисуса.

Прокуратор Пилат, приговоривший Иисуса к распятию, составил подробный отчет о происшедшем и послал его Римскому императору. Это послание хранится в соборе Айя-София в Стамбуле (Турция). Даже нескольких фактов достаточно, чтобы поверить в историческую достоверность

Воскресения Иисуса и обрести надежду на собственное воскресение.

Послание церкви в Смирне также предназначается церквям и верующим, которые находятся в ситуации, схожей с той, в которой находилась эта церковь.

Современная актуальность послания церкви в Смирне

Послание церкви в Смирне адресовано всем тем, кто отправляется в страны, где благовестие под запретом, – в особенности это касается Северной Кореи, – и совершает там деяния силы Божьей. Прошло уже более пятидесяти лет с начала Корейской войны, но остается еще много людей как в Северной, так и в Южной Корее, чьи семьи, братья и родственники находятся по разные стороны границы.

Апостол Павел страстно желал спасения своего народа, как сам он признался в Послании к Римлянам (9:3): *«Я желал бы сам быть отлученным от Христа за братьев моих, родных мне по плоти».*

Дело в том, что ему были знакомы чувства, испытываемые Богом к Своему избранному народу, и сам Павел горел любовью к родным для него людям.

Схожим образом, когда Северная Корея откроет двери для миссионеров, южные корейцы отнесутся к этому с особым чувством рвения. Многочисленные миссионеры и служители отправятся в Северную Корею, чтобы проповедовать Евангелие. Оказавшись там, они, скорее всего, столкнутся с большими, чем предполагали, экономическими и политическими трудностями. Не только гонения, но и мученическая смерть постигнет многих из них.

Со временем преследования станут более жестокими. Миссионерам придется выбирать между тем, оставаться им там или возвращаться на Юг. Но в любой ситуации, если они богаты сердцем, то обстоятельства не будут иметь для них никакого значения.

Здесь, под «богатые сердцем», подразумевается, что они преисполнены надежд на Небесное Царство. Они полны веры и Духа Святого, страстно желая наград, ожидающих их в Небесном Царстве. Как сказано во 2-м послании к Коринфянам, 6:10, *«нас огорчают, а мы всегда радуемся; мы нищи, но многих обогащаем; мы ничего не имеем, но всем обладаем».*

Богатство сердца даруется Богом; имеющие его способны исполнить волю и провидение Божье сполна.

Страдания в стране, не ведающей Евангелия

Но даже среди миссионеров в Северной Корее будут люди, препятствующие делам Божьим. Вместо того чтобы совместно нести Благую Весть, они будут мешать Божьим делам.

Первосвященники, фарисеи и книжники во времена Иисуса завидовали Ему, потому что Он творил великие знамения и чудеса, проповедуя Евангелие Царства Небесного. Они судили о Нем по собственным ограниченным знаниям Закона, и в итоге убили Его.

Такие же люди найдутся и в Северной Корее. Когда одни миссионеры, проповедуя Слово Жизни, будут совершать множество знамений и чудеса, другие попытаются помешать им, всячески препятствуя их делам. Но если они будут преодолевать эти трудности с милосердием, верой и любовью, то чем серьезнее будут препятствия, тем сильнее будет явлена сила Божья.

Бог открыл нам, что попытки помешать предпримут не только отдельные миссионеры; еще большие проблемы возникнут из-за преследований на государственном уровне. Придет время, и Северная Корея откроет свои двери. Именно тогда в Северную Корею устремится множество людей, желающих благовествовать.

Однако, чтобы сохранить свое государственное устройство, Северная Корея вскоре снова закроет двери. Руководители этой страны поверят, что одна из основных угроз их системе исходит от силы Божьей.

Некоторые миссионеры будут не только проповедовать Евангелие, но и совершать удивительные деяния силы Божьей, которые не укладываются в человеческие возможности. Поэтому правительство будет пристально следить за ними. Но позже деяния силы будут настолько яркими, что власти начнут преследовать служителей Божьих, чтобы остановить их.

В итоге они закроют церковь, в которой будет явлена сила Божья. Они заключат под стражу миссионеров и служителей церкви по вымышленным обвинениям. Если миссионеров и служителей Божьих преследовать только по религиозным мотивам, то это привлечет внимание международной общественности и вызовет колоссальный протест. Поэтому, пока власти Северной Кореи будут искать «лучший» способ оправдать аресты, служители Божьи будут страдать в тюрьмах.

Откровение, 2:10, говорит: *«Не бойся ничего, что тебе надобно будет претерпеть. Вот, диавол будет ввергать из среды вас в темницу, чтобы искусить вас, и будете иметь скорбь дней десять. Будь верен до смерти, и дам тебе венец жизни».*

Это не значит, что их мученичество в тюрьмах будет длиться ровно десять дней. Десять дней – это срок, необходимый для правительства Северной Кореи, чтобы сфабриковать дела.

Награды и почести мученикам

Жители Северной Кореи увидят подвиги мучеников, и многие станут также проповедовать Евангелие в духе мученичества.

Посылать проповедников Евангелия в Северную Корею крайне важно. Но еще важнее, чтобы сами северяне возрастали в вере и проповедовали Евангелие в духе мученичества. Подвиги во имя веры нескольких таких людей воодушевят местное население на проповедь Евангелия.

Не все миссионеры в Северной Корее станут мучениками. Лишь некоторые из них удостоятся такой чести. И они пойдут на это по собственному выбору: при желании они смогут избежать страданий за веру.

Нелегко стать мучеником во имя Господа. Но если верующий пройдет через все гонения и испытания с радостью и благодарностью, подобно апостолу Павлу, то слава его, награды и почести в Царстве Небесном будут поистине грандиозными. Вознаграждение за мученичество само по себе велико, но кроме того, совершивший подвиг во имя веры получит награду за то, что его страдания привели многие души к спасению.

Кто помнит, какое это блаженство - до самой смерти хранить веру на земле, лишенной Благой Вести, тот, превозмогая все испытания и гонения, пусть ожидает славы и награды в Царстве Небесном.

Совет Господа для церкви Смирны

«Знаю твои дела, и скорбь, и нищету (впрочем, ты богат), и злословие от тех, которые говорят о себе, что они Иудеи, а они не таковы, но сборище сатанинское. Не бойся ничего, что тебе надобно будет претерпеть. Вот, диавол будет ввергать из среды вас в темницу, чтобы искусить вас, и будете иметь скорбь дней десять. Будь верен до смерти, и дам тебе венец жизни» (Откровение, 2:9-10).

Среди семи церквей лишь Смирнская церковь получила только совет, без какой-либо похвалы или укора. Однако в послании в адрес этой церкви заложен важный смысл. Оно говорит нам, почему мы сталкиваемся с искушениями и испытаниями, что такое «сборище сатанинское» и какие люди получат венец жизни.

Церковь Смирны страдала от испытаний и нищеты

Господь знал, что церковь Смирны преодолевала испытания и нищету, но Он сказал: «Впрочем, ты богат». Допустим, некто жил в нищете до того, как принял Господа. Однако после принятия Господа, ведя христианскую жизнь, пользуясь Божьей защитой, этот человек может разбогатеть.

Почему же тогда члены Смирнской церкви страдали от бедствий и нищеты, хотя и верили в Господа? Испытания, через которые проходят верующие, могут походить на те же самые, с которыми сталкиваются неверующие, и все же между ними есть огромная разница. В испытаниях, преодолеваемых во имя Господа, наши души обогащаются. Благодаря этому, мы получим Божьи благословения, будем копить небесные награды.

Верующие, как это было и в Смирнской церкви, могут столкнуться с двумя основными видами испытаний. В одном случае испытание вызвано нашей верой в Господа, а в другом – неспособностью жить по Слову Божьему.

Некоторые полагают, что страдают во имя Господа, на самом же деле они мучаются по собственной вине, из-за того что не живут по Слову Божьему. Кроме того, некоторые люди навлекают на себя гонения, потому что поступают немудро.

Однако сами они считают, что страдают за Господа, и поэтому даже не пытаются найти выход из положения.

Испытания за веру в Иисуса Христа

Испытания во имя Господа - это страдания за праведность. Бог конечно же воздаст благословениями за такие страдания. Примером этому служат гонения на верующего со стороны неверующих членов его семьи или окружающих. Кроме того, в школе или на работе нас могут преследовать неверующие коллеги.

Например, раньше, по выходным, вы ездили на природу с членами своей семьи. Но теперь по воскресеньям вы регулярно ходите в церковь. В результате этого, члены семьи могут чувствовать себя обиженными или разочарованными и будут притеснять вас. В такой ситуации достаточно показать им больше любви и служить им, и тогда, со временем, Бог расположит их сердца, и они примут Евангелие. Тогда преследования, естественно, прекратятся.

С другой стороны, если преследования не прекращаются даже после многих лет христианской жизни, то следует убедиться, не являются ли они следствием отсутствия у нас мудрости.

Возможно, мы преисполнились Духа, но иногда мы не контролируем себя, говорим и поступаем немудро. Это-то и вызывает враждебность родных. Стоит нам хотя бы немного быть благоразумнее, и мы сможем избежать нападок со стороны близких.

Но, даже когда такие преследования прекратятся, возможен иной вид гонений, с которым сталкиваются мужи Божьи. Моисей, Илия, Иеремия, Исайя и другие пророки, апостолы Павел, Петр и Иоанн любили Бога и были любимы Им. Однако они подверглись гонениям за Господа, ради Царства Божьего и других душ. Они добровольно пошли на это.

В Евангелии от Матфея, 5:11-12, сказано: *«Блаженны вы, когда будут поносить вас и гнать и всячески неправедно злословить за Меня. Радуйтесь и веселитесь, ибо велика ваша награда на небесах: так гнали [и] пророков, бывших прежде вас».* Как уже говорилось, они искали небесных наград, поэтому не ощущали затруднений, никогда не роптали, не робели и не стыдились. Они просто радовались.

Испытания, вызванные обвинениями сатаны в неспособности жить по Слову

Далее, мы можем пострадать от испытаний, потому что не живем в истине и по Слову Божьему. В этом нас обвиняет сатана.

Когда мы приняли Иисуса Христа как Спасителя и стали детьми Божьими, мы стали гражданами Небесного Царства (Посл. к Филиппийцам, 3:20). И, став гражданами, мы обязаны соблюдать Закон Небесного Царства. Лишь тогда мы обретем защиту и обильные благословения.

С другой стороны, если мы нарушим Закон Божий, то враг дьявол будет предъявлять нам свои претензии. Дьявол считал нас своими детьми. Но после того как мы приняли Господа и стали Божьими детьми, он будет изо всех сил пытаться вернуть нас. Поэтому он использует для своих нападок каждую возможность, старается обвинить нас, подвергнуть искушениям и испытаниям.

Среди тех, кто прошел через подобное, есть люди, ошибочно полагающие, что это Бог навлек на них невзгоды.

Но в Послании Иакова, 1:13, говорится: *«В искушении никто не говори: "Бог меня искушает; потому что Бог не искушается злом и Сам не искушает никого"»*. Как здесь сказано, Бог никогда не подвергнет нас испытаниям и не создаст проблем.

Мы страдаем от искушений и испытаний, потому что нас обольщает наша собственная похоть (Посл. Иакова, 1:14), потому что мы нарушаем Закон Божий и грешим. В этом мире за каждое нарушение закона предусмотрено наказание. За нарушение Закона Божьего нас тоже ждет соответствующая расплата.

Так как Бог справедлив, Он не будет защищать нас от обвинений сатаны, если мы, являясь Его детьми, совершаем грешные поступки. Все искушения и испытания в конечном итоге - от врага дьявола, но Бог из любви к нам допускает подобные нападки на нас.

Послание Иакова, 1:15, гласит: *«Похоть же, зачав, рождает грех, а сделанный грех рождает смерть»*.

Послание к Римлянам, 6:23, сообщает: *«Ибо возмездие за грех – смерть, а дар Божий – жизнь вечная во Христе Иисусе, Господе нашем»*. Итак, если бы Бог позволил Своим детям поступать так, как им заблагорассудится, и идти по пути, ведущему к погибели, то что бы с ними было?

Бог желает вернуть своих детей, стоящих на пути погибели, даже ценой наказания, если для этого нет другого, более действенного способа. Бог дозволяет искушения и испытания Своих детей через обвинения сатаны.

Послание к Евреям, 12:5-6, так объясняет эту любовь Божью: *«И забыли утешение, которое предлагается вам, как сынам: "сын мой! не пренебрегай наказания Господня и не унывай, когда Он обличает тебя. Ибо Господь, кого любит, того наказывает; бьет же всякого сына, которого принимает"»*.

Поэтому, если нас постигают какие-либо невзгоды, мы должны, прежде всего, найти их причину. Если она кроется в наших собственных ошибках, то нам следует незамедлительно покаяться и не грешить, тогда мы вернем себе все Божьи благословения.

Причина нищеты

Смирнская церковь страдала не только от испытаний, но и от нищеты. Когда мы верим в Бога и приходим к Нему в молитвах, Бог может благословить нас здоровьем, богатством, если наши души преуспевают. Но бывает, что верующие страдают от нищеты, как это было с членами Смирнской церкви.

Хотя, уверовав в Господа, мы стали более усердно трудиться, на работе часто на нас обрушиваются гонения, и с нами обращаются несправедливо. Из-за того что работа мешает нам хранить святым День Господний, нам приходится увольняться и искать другую работу.

Все это может привести к финансовым трудностям. Но, так как вызваны они верой в Господа, долго они не продлятся. Даже если кто-то продолжает свои гонения на нас, нам стоит относиться к нему по-доброму, и он уступит. В конце концов Господь обильно благословит нас.

Другое дело - нищета, от которой страдают по собственному выбору. Допустим, мы можем наслаждаться многими благами. Но из любви к Богу мы ничего не тратим на самих себя, а все вкладываем в Царство Божье. Мы добровольно и с благодарностью обрекаем себя на нищету.

Как Бог может допустить, чтобы подобный человек остался в этой ситуации? Бог воздаст нам многими наградами на Небесах. И на этой земле Он даст нашей душе благоденствие, а телу – здоровье. Так что, в действительности, мы богаты.

«Впрочем, ты богат»

2-е послание к Коринфянам, 8:9, говорит: *«Ибо вы знаете благодать Господа нашего Иисуса Христа, что*

Он, будучи богат, обнищал ради вас, дабы вы обогатились Его нищетою». Иисус есть Сын Божий, и все богатство принадлежит Ему. Однако родился Он в простом хлеву.

Находясь на этой земле, Он нередко голодал и не имел крова. Ему приходилось спать в пустыне. Он поступал так, чтобы избавить нас от нищеты. Поэтому мы, верующие в Господа, не должны ощущать себя нищими, нам следует славить Бога за богатства, которыми мы владеем.

Впрочем, дело не в том, что все дети Божьи непременно будут богатыми. Как написано во Второзаконии, глава 28-я, мы должны слушать Его Слово и соблюдать все Его заповеди, чтобы обрести богатство.

> *«Если ты, когда перейдете [за Иордан], будешь слушать гласа ГОСПОДА, Бога твоего, тщательно исполнять все заповеди Его, которые заповедую тебе сегодня, то ГОСПОДЬ, Бог твой поставит тебя выше всех народов земли. И придут на тебя все благословения сии и исполнятся на тебе, если будешь слушать гласа ГОСПОДА, Бога твоего. Благословен ты в городе и благословен на поле. Благословен плод чрева твоего, и плод земли твоей, и плод скота твоего, и плод твоих волов, и плод овец твоих. Благословенны житницы твои и кладовые твои. Благословен ты при входе твоем и благословен ты при выходе твоем» (Второзаконие, 28:1-6).*

Если мы действительно живем по Слову Божьему и ходим в свете, то искушения и испытания минуют нас. Если даже подобное и произойдет, то продлится недолго.

Важнее всего то, что спасенных детей Божьих ожидает вечное Небесное Царство. Кроме того, если душа благоденствует, значит, уже здесь, на земле, все будет складываться хорошо. Поэтому они богаче, чем кто-либо.

«Которые говорят о себе, что они иудеи, а они не таковы»

Исторически сложилось так, что в Смирне осело множество иудеев. Они сотрудничали с римскими властями и убили многих христиан.

Изначально иудеи были Божьими избранниками. Но во времена Иисуса именно они не признали Иисуса Сыном Божьим и преследовали Его.

Первосвященники, фарисеи и книжники были лидерами иудеев, и они завидовали Иисусу, потому что Он совершал дела Божьей силы и благовествовал Царство Небесное. Они обвинили и осудили Иисуса, опираясь на свои знания и ограничения Закона, и в конечном итоге они распяли Его.

Даже сегодня среди верующих в Господа есть те, кто препятствуют делам Божьим. Хотя они ходят в церковь, если что-то не совпадает с их мнением и убеждением, они тут же начинают обвинять и осуждать. Они становятся завистливыми и ненавидят других.

Как сказано, «те, которые говорят о себе, что они Иудеи, а они не таковы, но сборище сатанинское». Господь говорит, что эти люди – не иудеи. Это значит, что они не могу зваться детьми Божьими.

С виду они представляются нам верующими и добропорядочными. Но в этом нет смысла, если Бог не признает их веры и добропорядочности. Даже если они настойчиво повторяют, что являются детьми Божьими, а их слова и дела не соответствуют тому, как должны поступать дети Божьи, то они «те, которые говорят о себе, что они Иудеи, а они не таковы». Все это выявится в День Страшного суда.

На самом деле, необязательно ждать прихода Страшного суда. Мы можем различать людей по плодам их жизни. Если это мужи Божьи, то они приносят плоды Духа Святого. Они любят истину и друг друга, пребывают в мире со всеми, добрые плоды приносят их слова и дела.

Если же плодами их оказываются зависть, ревность, обвинение, осуждение, ненависть и раздор, то это определенно дела рук сатаны. Когда два или более человека, находящиеся под влиянием сатанинских происков, собираются вместе, то это и называется «сборищем сатанинским».

Сборище сатанинское препятствует Царству Божьему

Сатанинские сборища и сегодня являются причиной того,

что многие церкви переживают трудности.

Послание к Ефесянам, 1:23, говорит, что церковь – это Тело Христово. Церковь, купленная Им ценой Своей Крови, есть Тело Господне. 1-е послание к Коринфянам, 12:27, говорит: *«И вы – тело Христово, а порознь – члены»*. Как сказано, все служители и прихожане церкви являются частями Тела Христова.

Если каждая часть тела будет завидовать другой, ссориться, что тогда произойдет? Так же и церковь. Ее должна объединять любовь. Если между частями одного Тела появляется раздор, то Дух Святой не сможет действовать в нем. Тогда любовь в церкви охладеет, пламя молитв угаснет. И, наконец, прекратится пробуждение. Одной из главных причин этого является «сборище сатанинское».

Важно то, что «сборище сатанинское» всегда рядом с нами, хотя мы так не думаем. Оно использует каждый удобный случай: когда слышит слова неправды, клеветы, которым мы не придаем особого значения, или когда мы просто соглашаемся с теми, кто это говорит.

Мы не делали этого злонамеренно, хотя, в определенной степени, со всем соглашались и тем самым внесли свой вклад в распространение лживых слухов.

До тех пор пока мы полностью не искореним в себе всякое зло, мы будет оставаться в неведении относительно собственных порочных намерений. Поэтому, при встрече с определенными людьми при определенных ситуациях, зло, таящееся в нас, может проявиться в любую минуту.

Некоторые люди по привычке жалуются, выражают негодование. И даже тогда, когда необходимо объединиться, они возражают только потому, что не довольны мнением других. Хотя сами не очень понимают, что делают.

Такие люди потихоньку ищут тех, кто согласится с их идеями. Если мы будем общаться с такими людьми и бездумно соглашаться с ними, то, сами того не сознавая, можем сделаться частью сатанинского сборища. Нам не следует соглашаться ни с одним словом неправды, а тех, кто говорит ее, мы должны пробудить, обратившись к истине.

Тьма рассеивается, когда приходит свет. Если мы будем видеть только доброе, слушать и говорить доброе, то сборище сатанинское не сможет укорениться в нашей церкви. Нечестивцам придется самоустраниться.

Церковь Смирны примет страдания

Господь поведал церкви Смирны, что она пострадает, чего, впрочем, не следует бояться: *«Вот, диавол будет ввергать из среды вас в темницу, чтобы искусить вас, и будете иметь скорбь дней десять»* (ст. 10).

Пока мы не достигнем освящения, мы можем столкнуться со многими испытаниями, искушениями или страданиями, но нам не следует этого бояться. Все это принесет нам духовное и материальное богатство. Таков путь, ведущий к вечной жизни.

Нам не следует страшиться гонений и испытаний во имя Господа. Мы должны радоваться. Даже если искушения и испытания вызваны тем, что мы не ходим еще в истине, мы должны радоваться и благодарить.

Послание Иакова, 1:2-4, говорит: *«С великою радостью принимайте, братия мои, когда впадаете в различные искушения, зная, что испытание вашей веры производит терпение; терпение же должно иметь совершенное действие, чтобы вы были совершенны во всей полноте, без всякого недостатка».* Как было сказано, через искушения мы обретем совершенство и ни в чем не будем нуждаться.

Господь сказал, что некоторые верующие в Смирне попадут в темницу и что таковы будут козни дьявола.

Многие верующие не делают различия между сатаной и дьяволом. Но Библия четко их разделяет.

Роли сатаны и дьявола

Говоря просто, сатана - это сердце Люцифера. Дьявол же – дух, который подчиняется сатане, и у каждого их них своя роль.

Сатана действует через помыслы людские, вызывая в них нечестивые мысли. Сатана разжигает в сердце неправду. Сатана действует через мысли человека, а дьявол подталкивает его к практической реализации этих мыслей.

То есть, когда мысли, которые внушил сатана, воплощаются в дела, то это называется «кознями дьявола».

Допустим, кто-то злословит и критикует нас. Тогда сатана

посылает нам мысли, полные вражды и ненависти. Мы начинаем думать: «Я не могу это выносить. Сейчас я скажу, что я о нем думаю, а то, пожалуй, и ударю его!».

Если это всего лишь злые мысли, то мы имеем дело с происками сатаны, но если доходит до дела, и мы оскорбляем или поднимаем руку на человека, то это работа дьявола.

В Евангелии от Луки, 22:3, сказано: *«Вошел же сатана в Иуду, прозванного Искариотом, одного из числа двенадцати»*. Это значит, что сатана завладел его мыслями. Значит, мысль, что «вот, я продам Иисуса за деньги», вошла в сознание Иуды Искариота.

В Евангелии от Иоанна, 13:2, говорится: *«И во время вечери, когда диавол уже вложил в сердце Иуде Симонову Искариоту предать Его»*.

Это не значит, что дьявол действовал через мысли, но что дьявол уже полностью завладел сердцем Иуды. Из-за того что дьявол завладел его сердцем, Иуда, в конечном счете, и совершил злодеяние – предал Иисуса.

Конечно, сатана не может вкладывать мысли в сердца людей по собственному усмотрению. В случае с Иудой, тот сам полностью вверил свои мысли сатане, потому что сердце его было злым, и, в конечном счете, он продал своего Учителя.

1-е послание Иоанна, 3:8, говорит: *«Кто делает грех, тот от диавола»*. Здесь, «делать грех» – значит, совершать его на деле. Иисус знал это и потому сказал: *«Не двенадцать ли вас избрал Я? Но один из вас диавол»* (От Иоанна, 6:70). Иисус сказал, что Иуда Искариот, предавший и продавший Иисуса, был дьяволом.

Схожим образом, именно дьявол толкает нас на порочные действия, и совершающие грешные поступки становятся детьми дьявола.

Итак, «вот, диавол будет ввергать из среды вас в темницу, чтобы искусить вас» значит, что дьявол завладеет сердцами некоторых злых людей, чтобы сотворить зло. «Темница» – это место, где отбывают срок осужденные преступники. Наличие темницы означает, что есть закон и есть обвинитель.

Расплата зависит от величины греха и меры веры

В этом мире существует закон, и виновных осуждают в зависимости от степени тяжести проступка. В духовном мире точно так же: живущие в истине пользуются защитой Божьей, но за преступление против истины враг, дьявол и сатана, навлекает на нас искушения и испытания. Это значит, что мы заплатим за свои грехи.

В особенности это касается расплаты за дела плоти, то есть грехи, совершенные на деле. Слова «диавол будет ввергать из среды вас в темницу, чтобы искусить вас» значат именно это.

Искушения и испытания разнятся не только в зависимости от серьезности греха, но и от меры веры каждого человека. Даже за один и тот же грех разные люди могут получить разное наказание, в зависимости от меры веры.

В Евангелии от Луки, 12:47-48, сказано: *«Раб же тот,*

который знал волю господина своего, и не был готов, и не делал по воле его, бит будет много; а который не знал и сделал достойное наказания, бит будет меньше. И от всякого, кому дано много, много и потребуется, и кому много вверено, с того больше взыщут».

«Всякие, кому дано много» – это те, чья вера сильнее. С другой стороны, те, кто недостаточно хорошо знают волю Господина своего, – маловеры. Бог больше спросит с тех, кто знал волю Господина, но бездействовал, то есть с тех, чья мера веры больше, но кто не следовал воле Божьей.

Послание Иакова, 3:1, говорит: *«Не многие делайтесь учителями, зная, что мы подвергнемся большему осуждению»*. Если вера наша сильнее, чем у других, и мы сделались учителями, то, естественно, мы должны жить по Слову Божьему.

В ином случае мы можем столкнуться с искушениями и испытаниями. И величина испытаний будет разниться в зависимости от нашей веры. В некоторых случаях испытания закончатся, как только мы покаемся и отвратимся от греха. В других случаях расплата наступит даже после покаяния.

В своем случае царь Давид, который во всем следовал сердцу Божьему, овладел женой одного из своих верных подданных. Затем он послал его на войну, чтобы тот умер в битве. Из-за этого, даже после покаяния, ему пришлось столкнуться с великими трудностями. А именно ему пришлось бежать от собственного сына Авессалома. Он очень сожалел о содеянном. Вера его была велика, потому и наказание было строгим.

«Десять дней» символизируют все подобные искушения и испытания. Число «десять» является полным числом в десятичной системе исчисления. Оно значит «всевозможность». Поэтому «десятидневная скорбь» символизирует все испытания, которые только возможны на этой земле.

Как преодолеть испытания

Библия рассказывает обо всех способах обретения благословений и преодоления искушений и испытаний.

Некоторые верующие говорят, что веруют. Но по-прежнему грешат, не соблюдают Субботу и не жертвуют полную десятину, то есть не придерживаются основ христианской жизни. Поэтому на них обрушиваются всевозможные искушения и испытания. Конечно, это не значит, что соблюдение Субботы и десятины само по себе способно защитить нас от любых невзгод.

В случае новообращенных, которые делают свои первые шаги в христианстве, соблюдение Субботы и сдача десятин будут признаны Богом шагами веры, и Он будет защищать их. Другое дело, если речь идет о тех, кто уже должен обладать определенной мерой веры. По мере возрастания веры совершенствуются и поступки христиан.

По мере возрастания веры они будут подвергаться искушениям и испытаниям, ведущим к еще большей вере.

Поэтому им необходимо во всем придерживаться истины.

Нам не следует говорить неправду, так как это дает повод для нападок сатаны на нас. Мы должны стремиться к святости и миру со всеми. Дело в том, что по мере возрастания нашей веры сатана будет пытаться обвинить нас даже в малейшем проступке.

Кроме этого, принципиально важным является наше покаяние, разрушающее стену греха, которая отделяет нас от Бога. Кроме того, мы должны отвратиться от греха и преданно трудиться во благо Царства Божьего. Бог желает не просто плотской верности, а верности духовной.

Когда Иисус говорил Смирнской церкви быть верной до смерти, то речь шла не только о готовности пожертвовать жизнью, но имелась в виду, прежде всего, и духовная преданность. Что же тогда значит заповедь «быть верным до смерти»?

Верность до смерти есть вера мученическая

Например, если министр предан своему государю, это значит, что он способен отдать жизнь за царя и Отечество. Преданность Божьему Царству тоже предполагает готовность пожертвовать собственной жизнью, способность трудиться и с верой принять мученичество.

Но не следует думать, что здесь подразумеваются лишь физическое мученичество и способность пожертвовать своей физической жизнью. Более важно мученичество духовное.

Духовное мученичество – это сопротивление всякому греху; оно означает полное искоренение зла и отказ от компромисса с миром с тем, чтобы доказать свою любовь и желание угодить Богу.

Если мы противостоим грехам и искореняем их в себе, в нас не останется собственного «эго», самомнения. Лишь Слово Божье, истина будут жить в нас, и мы исполним каждое слово, написанное в 66-ти книгах Библии.

Апостол Павел засвидетельствовал в 1-ом послании к Коринфянам (15:31): *«Я каждый день умираю»*. То есть, если наше «я» полностью умирает и мы искореняем в себе всякое зло, то обретаем способность верно исполнять свой долг. Тогда мы сможем молиться об умирающих душах со слезами и с любовью к ним.

Для нас духовная преданность заключается в освящении своего сердца и исполнении своего долга, которому мы посвящаем всю свою жизнь со всей искренностью.

Кажется, что сегодня мы не в той ситуации, когда можно продемонстрировать свою готовность пойти на мученичество ради веры, и, возможно, мы думаем, что у нас нет даже шанса испытать свою способность пострадать за веру. Ведь мы не проповедуем Евангелие в коммунистическом или сугубо мусульманском государстве.

Но это не так. Бог позволяет нам проверить, есть ли у нас подобная вера, допуская ситуации, схожие с подлинным мученичеством. Конечно, если наша вера не способна преодолеть такое испытание, то оно и не будет нам послано.

Послание Иакова, 1:12, говорит: *«Блажен человек, который переносит искушение, потому что, быв испытан, он получит венец жизни, который обещал Господь любящим Его».*

Соответственно, венец жизни будет дарован не всем. Его получат лишь те, кто выдержит испытания и будет признан Богом.

Конечно, чтобы обрести Божье признание, не достаточно одного испытания. Необходимо также достичь полного освящения, твердо стоять на камне веры и не меняться сердцем. Такие люди ни в какой ситуации не будут дрожать от нерешительности.

Венец жизни даруется верным до смерти

Когда мы преодолеваем всевозможные искушения и испытания, до смерти оставаясь преданными вере, нам даруется венец жизни. Фактически, он ждет тех, кто войдет в Третье Царство Небесное – одну из многих обителей на Небесах.

Чтобы понять это, дадим краткое описание небесных обителей, которые ожидают верующих в зависимости от меры их веры.

Допустим, у одного человека вера, которой едва достаточно, чтобы получить спасение, а другой был предан вплоть до смерти. Возможно ли, чтобы они оба были равны в Царстве Небесном? Нет, это было бы не справедливо.

Поэтому Бог дарует нам различные обители и награды в соответствии с тем, как мы жили по Слову Божьему на этой земле.

Во-первых, едва спасенные войдут в Рай и не удостоятся какого-либо венца. У них было достаточно веры, чтобы получить спасение, но они не скопили небесных наград во время земной жизни.

Далее, входящие в Первое Небесное Царство получат «венец нетленный», о котором сказано в 1-м послании к Коринфянам, 9:25. У них была вера, чтобы стремиться жить по Слову Божьему и воздерживаться от всего плотского в этом мире. Поэтому-то они и обретут «венец нетленный».

Входящие во Второе Небесное Царство получат «венец славы» (1-е посл. Петра, 5:4). Они при жизни воздавали славу Богу, поэтому получат неувядающий венец Славы.

Далее, Третье Небесное Царство – это место, где будут пребывать те, кто полностью искоренили в себе зло и жили, веруя и любя Бога превыше всего. Такие люди удостоятся венца жизни, который был обещан, при определенных условиях, и Смирнской церкви.

И, наконец, те, кто не только достигли полного освящения, но и были верны всему дому Божьему, получат золотые венцы (Откровение, 4:4) и венцы правды (2-е посл. к Тимофею, 4:8).

Кроме того, существует множество небесных венцов, которые будут даны каждому верующему в соответствии с его делами.

Послание к Римлянам, 8:35, гласит: *«Кто отлучит нас от*

любви Божией: скорбь, или теснота, или гонение, или голод, или нагота, или опасность, или меч?». Если у нас страстная и пылкая любовь к Господу, как у апостола Павла, то мы способны быть верными церкви, Телу Господа, до смерти.

К тому же, мы достигнем еще более высоких уровней духа, чтобы получить Божью любовь и воздать Ему славу.

Обетование Божье церкви Смирны

«Имеющий ухо (слышать) да слышит, что Дух говорит церквам: побеждающий не потерпит вреда от второй смерти» (Откровение, 2:11).

Верующие Смирнской церкви пострадали, и им еще предстояло страдать во имя Господа, но Господь не ограничился обычными словами утешения: «Я знаю скорбь твою. Просто потерпи немного».

Напротив, Он посоветовал им хранить еще большую верность, вплоть до смерти. Это позволило бы им обрести большие благословения и награды. Все страдания и искушения, которые преодолела церковь Смирны, несомненно, стали бы для них благословениями и наградами.

Мы не можем по-настоящему рассчитывать на одобрение,

просто преодолевая искушения и испытания. Мы удостоимся похвалы Бога, лишь исполнив больше, чем были должны.

В определенном смысле, для детей Божьих это естественно - сталкиваться с искушениями и гонениями во имя Господа. Итак, вместо утешения Господь велит церкви быть верной до смерти, чтобы та смогла получить больше благословений и наград. Таково выражение Божьей любви.

Мы должны слушаться Слова Божьего

Несмотря на то, что Бог дает нам Свои обетования, если мы будем пренебрегать ими, ничего не произойдет. Как сказано: *«Овцы Мои слушаются голоса Моего, и Я знаю их; и они идут за Мною»* (От Иоанна, 10:27). Божьи дети, которые получили Святого Духа, должны слушать, что говорит им Святой Дух. Именно поэтому Господь сказал Смирнской церкви: *«Имеющий ухо (слышать) да слышит, что Дух говорит церквам»* (Откровение, 2:11).

Речь идет не только о физической способности воспринимать звуки. Здесь говорится, что мы должны обладать духовным слухом для того, чтобы распознавать истину. Духовный слух нужен нам, чтобы слышать голос Святого Духа, который ведет нас в истине и открывает нам сердце и волю Божьи. Лишь тогда мы сможем понять духовный смысл, заложенный в проповедуемом Слове Божьем.

Такого рода духовный слух станет тем более чутким, чем больше зла мы искореним в своих сердцах. И напротив, чем больше зла остается в наших сердцах, тем менее восприимчив будет наш духовный слух: мы не сможем воспринимать Слово Божье, слушая его, и лишимся водительства Святого Духа.

Возможно, в нашем сердце все еще остается зло, из-за чего мы не в состоянии ясно слышать голос Святого Духа. Но даже в таком случае, если мы соблюдаем Слово Божье со словами «да» и «аминь» на устах, то вскоре достигнем уровня, на котором сможем более отчетливо слышать голос Святого Духа. Тогда у нас появится способность различать добро и зло по Слову Божьему, и это поможет нам победить любые искушения, испытания и скорби.

«Побеждающий» – это тот, кто противостоит злу и искореняет грехи со Словом Божьим так, как было описано выше. Господь сказал, что такой человек не потерпит вреда от второй смерти. Так что же значит «да не потерпите вреда от второй смерти»?

«Да не потерпите вреда от второй смерти»

Когда наш Бог призовет наш дух, то наше бренное тело вначале превратится в холодный труп, а через какое-то время - в прах. Когда приходит к концу наша физическая жизнь, это - первая смерть.

Вторая же смерть – это когда наш дух, хозяин человека,

низвергается в пламя ада.

В книге Откровения мы можем видеть, что имена, записанные в Книге жизни, могут быть вычеркнуты из нее, а их обладатели будут брошены в озеро огненное.

«И увидел я мертвых, малых и великих, стоящих пред Богом, и книги раскрыты были, и иная книга раскрыта, которая есть книга жизни; и судимы были мертвые по написанному в книгах, сообразно с делами своими. Тогда отдало море мертвых, бывших в нем, и смерть и ад отдали мертвых, которые были в них; и судим был каждый по делам своим. И смерть и ад повержены в озеро огненное. Это - смерть вторая. И кто не был записан в книге жизни, тот был брошен в озеро огненное» (Откровение, 20:12-15).

Те, кто жили не по истине, грешили, то есть не жили по Слову Божьему и не победили искушения, умрут от второй смерти: они будут вечно гореть в пламени ада.

Но живущих по Слову Божьему, тех, кто устоял в искушениях и испытаниях, одержал победу над ними, не коснется вторая смерть: они обретут вечную жизнь.

Господь даровал Свое Слово Смирнской церкви, потому что Он желает, чтобы не только те, кто отправятся в Северную Корею, но и все, услышавшие Его послание, вышли победителями из всех испытаний, оставались преданными вере, вплоть до смерти, и получили венец жизни.

Более того, Господь заповедует нам проповедовать Евангелие всем, кто не ведает истины и идет путем смерти; мы должны прямо говорить им, что нужно получить спасение, следуя истине и не боясь испытаний.

Таков долг, данный всем нам. Каждый верующий и каждая церковь, верно исполняющие свои обязанности, получат Божьи благословения и вечную награду на Небесах.

Здесь мы не должны забывать об одном. В 1-м послании к Тимофею, 5:22, сказано: *«Рук ни на кого не возлагай поспешно и не делайся участником в чужих грехах. Храни себя чистым»*. Мы не должны лениться в очищении и освящении себя.

«Сам же Бог мира да освятит вас во всей полноте, и ваш дух и душа и тело во всей целости да сохранится без порока в пришествие Господа нашего Иисуса Христа» (1-е посл. к Фессалоникийцам, 5:23). И, как уже было сказано прежде, давайте стремиться к освящению и освобождению от всех пороков, чтобы нам войти в Новый Иерусалим.

Глава 3

Церковь Пергама

- Теплая и погрязшая в ереси

Церковь Пергама получила похвалу за то, что хранила веру даже в гонениях и трудностях. Но ее строго упрекнули за тех верующих, которые были последователями учения Николаитов.

Послание адресовано тем современным церквям, которые теплы, идут на компромисс с миром или следуют еретическим учениям.

Откровение, 2:12-17

«И Ангелу Пергамской церкви напиши: так говорит Имеющий острый с обеих сторон меч: знаю твои дела, и что ты живешь там, где престол сатаны, и что содержишь имя Мое, и не отрекся от веры Моей даже в те дни, в которые у вас, где живет сатана, умерщвлен верный свидетель Мой Антипа. Но имею немного против тебя, потому что есть у тебя там держащиеся учения Валаама, который научил Валака ввести в соблазн сынов Израилевых, чтобы они ели идоложертвенное и любодействовали.
Так и у тебя есть держащиеся учения Николаитов, которое Я ненавижу.
Покайся; а если не так, скоро приду к тебе и сражусь с ними мечом уст Моих. Имеющий ухо (слышать) да слышит, что Дух говорит церквам: побеждающему дам вкушать сокровенную манну, и дам ему белый камень и на камне написанное новое имя, которого никто не знает, кроме того, кто получает».

Послание Господа Пергамской церкви

«И Ангелу Пергамской церкви напиши: так говорит Имеющий острый с обеих сторон меч» (Откровение, 2:12).

Исторические сведения о Пергаме начали появляться приблизительно во времена Лисимаха, одного из генералов Александра Великого. Он обнаружил, что это место представляет собой естественную крепость, и начал строить город. С тех пор город стал центром эллинистической культуры. По уровню культуры его можно было сравнить с Александрией, одним из известнейших исторических городов.

Пергам был средоточием различных религий. Среди жителей царило идолопоклонство в такой степени, что храм

Асклепия (Эскулапа) был похож на госпиталь.

Поскольку город находился в одной из процветающих провинций Римской империи, там возвели много жертвенников для поклонения римскому императору. Христиан, не желавших поклоняться императору, начинали преследовать.

Пергамская церковь образовалась в период гонений. Вначале они хранили веру, но, после того как Римская империя объявила христианство государственной религией, церковь стала более светской. Именно поэтому они получили и одобрение, и упрек от Господа.

Господь имеет «острый с обеих сторон меч»

Послание Пергамской церкви начинается словами: *«И Ангелу Пергамской церкви напиши: так говорит Имеющий острый с обеих сторон меч»* (ст. 12). Вначале указываются имена отправителя и получателя послания.

Под ангелом церкви понимается пастор церкви. Острый с обеих сторон меч – Слово Божье. В Послании к Евреям, 4:12, сказано: *«Ибо слово Божие живо и действенно и острее всякого меча обоюдоострого: оно проникает до разделения души и духа, составов и мозгов, и судит помышления и намерения сердечные».*

Имеющий Слово Божье, подобное обоюдоострому мечу, это Иисус Христос. Евангелие от Иоанна, 1:14, гласит: *«И Слово стало плотию и обитало с нами, полное благодати и истины; и мы видели славу Его, славу, как Единородного от Отца».* Иисус является Сыном Божьим и Словом, сошедшим на землю во плоти.

О том же говорится и в последней части стиха Евангелия от Иоанна (1:1): *«... и Слово было Бог».* Иисус един с Богом, Самим Словом. Иисус – Сын Божий, сошедший на землю во плоти, как Сам Предвечный Бог. Он – Господин всего, что есть на Небесах и на земле. Он – Царь царей и Господь господствующих.

Каким же образом действует в нас Слово Божье, которое острее меча обоюдоострого?

Как Слово Божье действует в нас?

Ни одна книга в этом мире не имеет в себе ни жизни, ни действенной силы. И только Слово Божье - живое, и когда мы веруем в него и действуем согласно Слову, происходит то, что написано. Оно демонстрирует дела жизни и возрождения умирающих душ.

Псалом, 36:4, гласит: *«Утешайся Господом, и Он исполнит желание сердца твоего».* Чтобы утешаться Господом, сначала мы должны порадовать Бога. Тогда мы сможем получить ответ (Притчи, 11:20; 12:22; 15:8; Посл. к Евреям, 11:6). Если мы верим в Слово и исполняем его, мы получаем ответ, убеждаясь в том, что Слово Божье - живое.

Слово Божье также подобно острому мечу, проникающему «до разделения души и духа и составов и мозгов». Под душой, в целом, подразумевается часть, отвечающая за память и содержащая знания и способность применять накопленную информацию. Дух неизменен, нетленен, он вечен. Дух, по сути своей, - это жизнь и истина.

Люди состоят из духа, души и тела. Изначально дух управлял душой и телом. Но, вследствие грехопадения Адама, дух, хозяин человека, умер, и Адам полностью попал под влияние души.

Но если человек принимает Иисуса Христа как своего Спасителя, он получает в дар Святого Духа, и его мертвый дух возрождается. По мере того как человек с помощью Слова Божьего отбрасывает неправду, ложные знания из своей души, будет возрастать и полностью восстанавливаться его дух.

«Составы» в значении установок, сформированных самоправедностью

Подобно тому, как Слово Божье разрушает неправду души и придает духу энергию для большей активности, так же оно разделяет «составы» и мозг. Здесь, под «составами», подразумеваются не костные связки в физическом смысле. «Составы» символизируют духовные установки человека.

Установки складываются под влиянием того, что человек видит, слышит и изучает. На самом деле, они содержат много неправды. Если человек утвердился в самоправедности, он формирует ограничения. Для него правдой является только то, что верно с его точки зрения.

Некоторых людей ограничивает их собственный характер. Других лимитируют знание, образование, вкусы, привычки, обыкновение вести себя так или иначе. Когда эти установки закрепляются в нас, мы можем начать конфликтовать с другими, если их мнение будет отличаться от нашего. Мы можем жестко вести себя по отношению к другим, и, не понимая их, скорее всего мы будем осуждать их.

Подтверждение этому можно найти в повседневной жизни. Например, если человеку пришлось в жизни пробиваться самому, не имея возможности ни с кем поделиться тем, что у него на сердце, он, вероятнее всего, будет иметь трудности в общении. Ограничением для него будет собственный замкнутый характер, не позволяющий ему близко сходиться с людьми.

В таком случае, если окружающие его люди обладают открытым характером, они могут не понять его. Его, возможно, осудят, считая высокомерным эгоистом.

Но, даже обладая очень жесткими установками, человек, порой, не проявляет их внешне. Это значит, что он не настаивает на своей правоте и не имеет особых конфликтов с окружающими. Однако такой человек не прислушивается к советам других, и ему крайне трудно измениться.

Только Слово Божье может сломать установки. Но, если человек, находящийся в рамках собственных установок, не откроет свое сердце, Слово Божье не будет действовать в нем.

Только когда человек открывает свое сердце для Слова Божьего, оно может изменить его. Потому что Бог действует по справедливости.

Если мы признаем факт того, что мы сами установили ограничения, смиренно откроем свое сердце и будем настроены на то, чтобы принять Слово Божье, тогда Бог освободит нас от наших, даже самых мощных, ограничений и установок.

«Мозг» символизирует зло, укоренившееся внутри сердца человека

Мозг – мягкая, сосудистая ткань, покрытая оболочкой, которая заполняет полости почти всех костей. В духовном смысле, это означает грех и зло, укоренившиеся внутри нас. В сердце человека сокрыто разного рода зло так же глубоко, как и мозг в костях человека.

Внешние пороки легко обнаруживаются. Но обычно мы не осознаем существование греховности, заложенной в нашей природе. Мы можем думать, что нам не свойственны зависть и ревность, но в экстремальных ситуациях мы обнаруживаем, что глубоко сидящее в нас зло начинает проявляться.

Так было с Иовом в Ветхом Завете. Иов не считал себя злым. В меру его собственного понимания, он был безукоризненным и в поступках, и в сердце. Но очевидно, что зло глубоко коренилось в его природе. Поэтому, когда сатана стал обвинять его, Бог допустил, чтобы Иов прошел через испытания и осознал свое зло.

Он очень страдал: потерял семью и все свое богатство. Нарывы, покрывшие все его тело, вызывали нестерпимую боль. И тогда то зло, о существовании которого он не подозревал, вышло наружу.

Именно тогда, когда Бог объяснил ему, он осознал свою греховность. Он полностью покаялся и отвернулся от зла. Потом он достиг более глубокого уровня духа. Он стал вдвое богаче, чем раньше.

Самоправедность и собственные установки так же, как суставы и мозг, являются частью тела. От них можно избавиться только мечом Слова Божьего. Только избавившись от самоправедности и неверных установок, мы можем стать святыми детьми Божьими.

Но даже не каждый проповедник способен на разделение «составов и мозгов». Только духовное послание может это сделать. Проповедник к тому же должен говорить слова со властью.

Господне Слово несет власть. Его Слово, подобное обоюдоострому мечу, адресовано Пергамской церкви, а также обращено ко всем современным церквям.

Ситуации, подобные тем, что были в Пергамской церкви, сегодня

Послание Пергамской церкви направлено церквям и верующим, которые теплы, и тем, кто погряз в еретических теориях. К тем, кто призывает имя Бога, но отвергает Иисуса

Христа, и тем, кто лукаво искажает Слово Божье.

Они не только сами заблуждаются, но и обманывают других, поверивших в их ложные учения. Но Господь не оставляет даже таких людей. Он своим Светом и Словом, подобным обоюдоострому мечу, рассеивает их заблуждения. Господь дал Свое Слово для их покаяния и обращения, чтобы им спастись.

В Судный День кто-то попытается оправдаться, говоря, что не знал. Но, когда их дела и слова будут показаны в свете Божьего Слова, четко проявится их неправда.

Хоть они и проповедовали Слово Божье и имели даже нечто, внешне напоминающее церковь, ересь происходит от сатаны. Они слегка поменяли изначальный смысл Божьего Слова.

Нам следует различать ересь, оценивая ее не по человеческим критериям, а по меркам Божьего Слова. Но реальность такова, что все больше и больше церквей судят и осуждают других как еретиков лишь на основании собственных учений и теорий.

Критерий ереси в Библии

2-е послание Петра, 2:1, гласит: *«Были и лжепророки в народе, как и у вас будут лжеучители, которые введут пагубные ереси и, отвергаясь искупившего их Господа, навлекут сами на себя скорую погибель».*

Принимают люди или отвергают искупившего их Господа

– этот факт является самым четким критерием ереси. Иными словами, человека, не верящего в Иисуса Христа как в Спасителя, можно считать еретиком. Иисус Христос очистил нас от грехов и спас Своей Кровью. Поэтому всех спасенных детей Божьих Господь искупил Своей Кровью.

Значит, до того как Иисус был распят и, воскреснув, исполнил Свой долг как Христос, не было понятия «ересь». Иисус – тот, кто *«... спасет людей своих от грехов их»* (От Матфея, 1:21), а «Христос» – греческое слово, означающее «Мессия», то есть «Помазанник».

Только после того как Иисус, воскреснув, исполнил Свой долг как Мессия, стало возможным назвать еретиком всякого, кто отрицает Иисуса Христа, искупившего их Господа. Поэтому слова «ересь» нет ни в Ветхом Завете, ни в четырех Евангелиях.

Чем ближе к концу, тем больше появляется ереси. Многие ведут себя так, как будто они являются спасителями. Они обманывают, внушая людям, будто бы могут сами спасти их.

Со временем они проявляют свою сущность. Они занимаются непристойными вещами, нарушают истину, стяжают деньги со своих последователей. Они делают многие беззакония. Мы конечно же не должны обвинять в ереси тех, кто совершает противоправные поступки, но при этом не отвергает Господа.

Возможно, есть смысл дать им совет или сделать им замечание, чтобы они покаялись, но мы не можем обвинять их в ереси только на основании того, что они нарушили закон, если они не отвергают Иисуса Христа.

Мы можем ясно это понять через слово учителя Гамалиила, которое он сказал в адрес тех, кто судит и обвиняет верующих в Иисуса Христа.

«А им сказал: мужи Израильские! подумайте сами с собою о людях сих, что вам с ними делать. Ибо незадолго перед сим явился Февда, выдавая себя за какого-то [великого], и к нему пристало около четырехсот человек; но он был убит, и все, которые слушались его, рассеялись и исчезли. После него во время переписи явился Иуда Галилеянин и увлек за собою довольно народа; но он погиб, и все, которые слушались его, рассыпались. И ныне, говорю вам, отстаньте от людей сих и оставьте их; ибо если это предприятие и это дело – от человеков, то оно разрушится, а если от Бога, то вы не можете разрушить его; [берегитесь], чтобы вам не оказаться и богопротивниками» (Деяния, 5:35-39).

Лжепророки, лжеучители и антихрист

О лжепророках и лжеучителях, тайно вносивших разрушительные ереси, вплоть до отвержения Господа, искупившего их, сказано во 2-м послании Петра, 2:1. Здесь, «лже» употребляется не просто в значении «обманывать кого-то», но и в значении «отвергать» Иисуса Христа, саму истину.

1-е послание Иоанна, 2:22, гласит: *«Кто лжец, если не тот, кто отвергает, что Иисус есть Христос? Это - антихрист, отвергающий Отца и Сына»*. Как сказано, лжец есть тот, кто отвергает, что Иисус есть Христос, а антихрист – тот, кто отвергает Отца и Сына.

Поэтому в 1-м послании Иоанна, 4:1-3, говорится: *«Возлюбленные! не всякому духу верьте, но испытывайте духов, от Бога ли они, потому что много лжепророков появилось в мире. Духа Божия (и духа заблуждения) узнавайте так: всякий дух, который исповедует Иисуса Христа, пришедшего во плоти, есть от Бога; а всякий дух, который не исповедует Иисуса Христа, пришедшего во плоти, не есть от Бога, но это [дух] антихриста, о котором вы слышали, что он придет и теперь есть уже в мире»*.

Антихристы – это те, кто выступает против Иисуса Христа, используя Слово Божье. Они отвергают спасение через Иисуса Христа. Отвержение Иисуса Христа равносильно противостоянию Богу.

Если мы хотим сохранить себя от обмана, мы должны уметь различать ересь, выявлять лжепророков, лжеучителей и антихриста, опираясь на Библию. Мы также должны разъяснять это другим с помощью «обоюдоострого меча» - Слова Божьего. Но это ни в коем случае не означает, что мы должны вступать с ними в спор.

Послание к Титу, 3:10, гласит: *«Еретика, после первого и*

второго вразумления, отвращайся». Сказано, что мы можем только раз-другой дать им совет, используя Слово Божье. Если послушаются и покаются, то хорошо. Если нет, то лучше сторониться их.

Потому что, если мы сами не тверды в истине, то, споря с ними, мы можем попасть под влияние их учений. Не явно искажая истину, они способны нащупать слабое место в каждом человеке. Поэтому не надо вступать с ними в пререкания, если глубоко не знаете Слова Божьего.

Если человек не силен в том, чтобы распознавать ересь сразу, он может попасть под влияние еретических теорий, и потом ему будет трудно отступиться от этого. Поэтому Господь велит нам избегать споров и сторониться их.

Любовь Божья в том, чтобы все люди спаслись

Господь дает возможность покаяться и вернуться назад всем тем, кто придерживается еретических взглядов, как, к примеру, Свидетели Иеговы. Через обращение к Пергамской церкви Господь желает напомнить о пробуждении сегодняшним верующим и церквям, подобным Пергамской церкви.

И еще. Зная плотскую природу людей и их склонность потакать своим желаниям, даже тогда, когда воля Божья им известна, Он предостерегает их от соглашательства с миром. Мы можем утверждать, что исполняем волю Божью, но если мы начнем давать в сердце своем место плотским желаниям, то будем искажать Слово Божье. Есть вероятность, что в конечном итоге это приведет нас к ереси.

Чтобы дать этим людям понять, что происходит, необходимо Слово Жизни, которое «проникает до разделения души и духа, составов и мозгов». Нам также необходимо подтверждать проповедуемое слово чудесными делами Божьей силы. Только став свидетелями таких деяний, люди, находящиеся под влиянием еретических идей, смогут покаяться и отвратиться от них.

Конечно, немногие относятся к этой категории, но Бог желает, чтобы все люди спаслись и достигли познания истины (1-е посл. к Тимофею, 2:4). Даже в случае, когда человеку действительно трудно получить спасение, ему, по благодати Господа и при помощи Святого Духа, все же будет дан такой шанс, если в его сердце есть добро.

Когда мы проповедуем Евангелие, мы видим, что гораздо труднее донести его до тех, чьи ограниченные и поверхностные знания Библии подвержены ереси, чем до тех, кто вовсе не знает Благой Вести. Поэтому, для того чтобы распространять истину, нам необходимы сила и власть.

Проповедуя Иисуса Христа и Евангелие Царства Небесного, нам надо демонстрировать свидетельства, которые слушающие не могли бы опровергнуть. Иначе, несмотря на все наши усилия проповедовать Евангелие, мы не увидим обильных плодов евангелизации.

Похвала Господа в адрес Пергамской церкви

«Знаю твои дела, и что ты живешь там, где престол сатаны, и что содержишь имя Мое, и не отрекся от веры Моей даже в те дни, в которые у вас, где живет сатана, умерщвлен верный свидетель Мой Антипа» (Откровение, 2:13).

Пергам в то время был одним из главных городов Малой Азии, крупнейшим политическим и образовательным центром. Это был город расточительства и идолопоклонства. В Пергаме было возведено много языческих жертвенников и храмов Зевса, Дионисия, Афины и Асклепия, а также три огромных храма поклонения римскому императору. Храм Асклепия был особым местом поклонения змеям.

Пергам был городом, в котором находился престол сатаны; христианам - членам церкви приходилось жить в таком окружении. Поэтому Господь говорит: «Знаю твои дела, и что ты живешь там, где престол сатаны».

Церковь Пергама сохранила веру там, где престол сатаны

Когда Господь сказал Пергамской церкви, что знает, где она живет, это значит, что ему было известно, что она находилась в том месте, где было много идолов. Это также значит, что Он знал, что их вера не была достаточно крепкой, основанной на Слове Божьем. Он объясняет им, что их ситуация располагает к тому, чтобы оказаться обманутыми лжеучениями, которые появляются в результате искажения Слова Божьего.

Под престолом сатаны подразумевается место, где он сидит. Это означает, что Пергам наполнен идолами. Нелегко хранить веру там, где превалирует грех, где правит сатана. Потому что сатана навлекает на верующих гонения, испытания и искушения, чтобы им еще труднее было сохранить свою веру.

Во время таких жестоких гонений был замучен Антипа. Его мученичество для других верующих стало источником силы, необходимой, чтобы укрепиться в вере и победить. За это Господь похвалил их.

Господь называет Антипу «Моим верным свидетелем».

Из этих слов Господа нам ясна вера Антипы. Он искоренил зло из своего сердца, прилежно уподобился Господу, всей своей жизнью проповедовал Евангелие. Исполняя свой долг как свидетель Господа, он был замучен за веру.

Существует предание о мученичестве Антипы. Римский офицер поставил Антипу перед изображением императора и заставлял поклониться истукану.

Он сказал: «Антипа, преклони колени перед образом римского императора».

Антипа ответил: «Есть только один Царей царствующих и Господь господствующих, Иисус Христос. Я не склонюсь ни перед кем иным».

Офицер пришел в ярость и завопил: «Разве ты не видишь, Антипа, что против тебя весь мир?».

Тогда Антипа ответил: «Перед всем миром я признаю Иисуса Христа Господом господствующих».

В приливе злобы офицер велел отправить Антипу в горящую железную печь и убил его. При таких ужасающих преследованиях и невзгодах хранили свою веру члены церкви Пергама.

Многие верующие, слабо знакомые с истиной, могут спросить нас: «Они верили в Бога, были верными. Почему же им пришлось столкнуться с гонениями и стать мучениками за веру?», «Если Бог воистину Живой, почему Он оставил их одних?». Но, поняв Божье провидение, они смогут понять, почему такое стало возможным.

Божье провидение в мученичестве

Мученических смертей было много не только в первых церквях, таких, как Пергам, где был замучен Антипа, но и везде, где появлялись христиане и распространялось христианство.

Это происходило в Римской империи, которая правила практически всем миром. Жители Рима наблюдали за тем, как гибнут христиане в Колизее, считая их глупыми. Римлянам нравилось наблюдать за их смертью. Но вскоре их поведение стало вызывать недоумение.

«Как можно принимать смерть с улыбкой на лице?».

«Почему они так себя ведут?».

«Кто такой Иисус, в которого они верят?».

Они заинтересовались христианством, и все больше и больше людей желали знать о христианстве. Наконец многие услышали Евангелие и приняли Иисуса Христа.

Во времена правления Константина I Великого христианство было принято в качестве государственной религии. Это и есть Божье провидение, которого не могут понять люди. Без этого христианство не смогло бы так быстро распространиться по всей Европе и миру.

Человек, который ведет удобную для себя христианскую жизнь, не сможет сохранить веру, когда столкнется с болью и страхом мученической смерти. Возможность того, что он отречется от веры, оказавшись в чрезвычайных обстоятельствах, или когда что-то будет угрожать его жизни, очень велика, так как он не искоренил зло из сердца.

Только люди, верные, с неменяющимся сердцем, могут сохранить веру перед лицом угрозы жизни. Насколько они исторгли зло из сердца и достигли освящения, настолько они могут пожертвовать своей жизнью за веру. Такие мученики получат великую честь и славу от Бога. В этом их великое благословение.

Господь укоряет церковь Пергама

«Но имею немного против тебя, потому что есть у тебя там держащиеся учения Валаама, который научил Валака ввести в соблазн сынов Израилевых, чтобы они ели идоложертвенное и любодействовали. Так и у тебя есть держащиеся учения Николаитов, которое Я ненавижу. Покайся; а если не так, скоро приду к тебе и сражусь с ними мечом уст Моих» (Откровение, 2:14-16).

Несмотря на то, что Пергамская церковь получила похвалу, Господь начинает строго их укорять. В Пергамской церкви был мученик Антипа, были и другие, хранившие веру. Но были и те, кто не смог сохранить ее.

Господь говорит, что они придерживаются учения Валаама, и очень жестко укоряет их за это.

Валаама искушали деньгами и славой

Кто же разделял учение Валаама и учение Николаитов? Чтобы нам понять это, необходимо рассмотреть случай, произошедший между Израильтянами и Валаамом, описанный в Числах, с 22-й по 24-ю главы.

Валаам, сын Веора, жил у реки Пефор. Он мог разговаривать с Богом. Однажды Валак, царь Моавитян, обратился к нему с просьбой. Валак попросил наложить проклятие на Израильтян. К этому времени они уже сорок лет бродили по пустыне после Исхода и должны были вот-вот войти в землю Ханаанскую.

Валак, царь Моавитский, слышал, что Бог был с Израильтянами, и, когда узнал, что те вошли в его страну, испугался и попросил Валаама о помощи.

Когда Валаам спросил Бога, какова Его воля, Бог ответил: *«Не ходи с ними, не проклинай народа сего, ибо он благословен»* (Числа, 22:12).

Получив ответ от Бога, Валаам отказался от предложения Валака. Но Моавитский царь послал к Валааму еще больше знатных князей с серебром и золотом. И сердце пророка дрогнуло. Мы в своей жизни тоже можем оказаться в такой ситуации.

Если будем противостоять соблазнам с помощью Слова Божьего, то не будем больше подвергаться искушениям. Но если мы дрогнем и поддадимся соблазну, то сатана обязательно подойдет к нам с искушением еще раз. Кроме того, хотя внешне и будет казаться, что мы справились с искушением, но, поскольку из сердца мы его не вытравили, сатана опять будет нас соблазнять.

Валаам тоже, казалось, выдержал первое испытание, но его алчность и эгоистические желания требовали почитания и денег, поэтому искушение повторилось. Тогда Бог сказал ему: *«Если люди сии пришли звать тебя, встань, пойди с ними; но только делай то, что Я буду говорить тебе»* (Числа, 22:20).

Воли Божьей не было в том, чтобы идти. Но Бог знал сердце Валаама и понимал, почему Валаам опять обращался с вопросом к Богу, поэтому дал ему возможность самому принять решение. В конце концов Валаам не смог совладать с искушением деньгами. Он научил Моавитского царя как ввести в соблазн сынов Израилевых (Числа, 25:1-2).

Израильтяне привыкли к простому быту кочевников. Они устали от жизни в дикой пустыне.

Когда их пригласили в страну идолопоклонства, они не устояли перед мирскими благами. В результате, они начали принимать пищу, приносимую в жертву языческим богам, стали предаваться разврату с моавитянками. Тогда была другая эпоха, не то что сегодня, когда мы можем обрезать сердце и отвергнуть грех с помощью Святого Духа. Они же не могли сопротивляться и впадали в мирские грехи.

В наказание 24 тысячи человек умерли, пораженные недугами (Числа, 25:9). Кстати сказать, в 1-м послании к

Коринфянам, 10:8, говорится о 23-х тысячах смертей.

Число погибших, указанных в книге Чисел, – 24 тысячи, считая Израильтян и моавитянок. А в 1-ом послании к Коринфянам мы читаем о 23-х тысячах, то есть имеются в виду только Израильтяне. Если мы читаем Библию по вдохновению от Святого Духа, мы все больше убеждаемся в том, насколько она точна.

Господь так говорит про тех, кто идет путем Валаама: *«... есть у тебя там, держащиеся учения Валаама»*. Какой духовный урок нам следует вынести из случая с Валаамом?

Предостережение не вести «удобную» христианскую жизнь

Во-первых, нас предостерегают от жизни, которая нам кажется христианской, но, на самом деле, мы компрометируем истину и смешиваемся с миром. Как Валаам пошел путем смерти, хоть и знал о воле Божьей, так существует много христиан, идущих на поводу у мира. Это значит, что они любят мир и его блага больше Бога.

Особенно сегодня актуальны слова, написанные в 1-м послании к Тимофею (6:10): *«Ибо корень всех зол есть сребролюбие, которому предавшись, некоторые уклонились от веры и сами себя подвергли многим скорбям»*. Алчность толкает некоторых на нарушение Дня Господнего или на сокрытие десятин, которые принадлежат Богу (Кн. пророка Малахии, 3:8).

Служитель Божий обязан посвятить себя молитвам и проповедованию Слова, но есть и такие, кто проявляет жадность к деньгам и почестям, идет на компромисс с властями.

Но Евангелие от Матфея, 6:24, говорит: *«Никто не может служить двум господам: ибо или одного будет ненавидеть, а другого любить; или одному станет усердствовать, а о другом нерадеть. Не можете служить Богу и маммоне».* Не только служители, но и дети Божьи должны любить только Бога и следовать его воле. Наша вера не должна быть верой Валаама, который уступил миру.

Даже если мы отступим от истины по самому незначительному поводу и пойдем на компромисс с миром, то в конечном итоге только углубимся в это, и сатана нам предъявит свои обвинения. Сатана будет править нашим разумом, если мы хоть в малом пойдем у него на поводу. Это похоже на то, как небольшой кусочек дрожжей увеличивается до размеров хлебного батона.

Мы часто видим людей, некогда трудившихся для Бога, потерянными или оставленными после того, как они из-за собственной плоти запятнали себя. Были такие и среди членов Пергамской церкви. Даже став свидетелями мученической смерти Антипы, некоторые продолжали вести удобную христианскую жизнь и шли путем духовной погибели.

Господь строго укорил не только членов Пергамской церкви, но и тех, кто сегодня является последователем

Валаама, и призвал их к покаянию.

Предостережение не изменять убеждений

Во-вторых, нам следует осознать, что нельзя менять убеждений. Одни христиане утверждают, что любят Бога, но ведут расслабленную христианскую жизнь, такую, какая их самих устраивает. Иные, зная волю Бога, игнорируют ее из-за стремления к деньгам, славе и мирской власти. Мы не должны быть похожими на них.

Получив Божью благодать и чувствуя благодарность, некоторые обещают: «Я посвящу всю жизнь Богу. Я отдам жизнь Богу и буду жить для Бога». Но через некоторое время, встретившись с жизненными трудностями, они меняют решение и говорят: «Почему я должен так жить? Почему я не могу вести легкую христианскую жизнь, как другие?».

Ведь Валаам хорошо знал Божью волю, но искушения деньгами и почестями соблазнили его сердце. Истинные люди Божьи никогда не меняют своих сердец, даже если проходит время и ситуация меняется.

Примеры таких людей можно найти в Библии. Среди них была женщина-язычница, которую очень любил Бог, поскольку она была благочестивой и не меняла своего сердца. Это Руфь из Ветхого Завета.

Руфь была моавитянкой. Она вышла замуж за израильтянина, покинувшего родину, когда там был голод.

Муж умер, не оставив ей детей. В таком же положении оказалась и Орфа, вторая невестка.

Ее свекровь Ноеминь решила вернуться на родину, в Иудею. Своим двум невесткам Ноеминь посоветовала вернуться домой, к их матерям. Ноеминь предложила это искренне. Иначе им пришлось бы оставить родной город Моав и идти в незнакомую землю Иудею, без мужей и детей.

Сначала обе приняли решение следовать за свекровью до самого конца. Но Ноеминь опять предложила этого не делать, и Орфа, поцеловав Ноеминь, ушла. Но Руфь отличалась от нее.

«Но Руфь сказала: не принуждай меня оставить тебя и возвратиться от тебя; но куда ты пойдешь, туда и я пойду, и где ты жить будешь, там и я буду жить; народ твой будет моим народом, и твой Бог – моим Богом; и где ты умрешь, там и я умру и погребена буду. Пусть то и то сделает мне Господь, и еще больше сделает; смерть одна разлучит меня с тобою» (Руфь, 1:16-17).

Этим ясно сказано, что отношение Руфи было неизменным при всех ситуациях и обстоятельствах. Ее сердце не изменилось, даже когда она пришла в чужую страну, Иудею, и служила свекрови от всего сердца.

В результате она получила Божьи благословения. Позже она обрела семейное счастье с человеком по имени Вооз.

Более того, невзирая на то, что она была язычницей, ее имя записано в родословной Иисуса.

Если бы у Валаама было настоящее, неизменное сердце, он не ослушался бы воли Божьей, когда встретился с искушениями или испытаниями. Но в его изменчивом сердце были алчность и жажда славы. Они-то и толкнули его пойти неверным путем, и он стал причиной гибели многих людей.

Пример Валаама должен стать уроком для современных христиан, живущих в последние дни, когда мир переполнен грехом и злом. Усвоив этот урок, мы не должны жить так, как нам кажется удобным, полагая, что при этом остаемся христианами. Наша христианская жизнь должна быть неизменной в любых ситуациях.

Последователи учения Николаитов

В Пергамской церкви были не только последователи учения Валаама, но и те, кто стал сторонником учения Николаитов. Как объяснено в главе, посвященной Ефесской церкви, Николаиты появились под влиянием Николая, одного из семи дьяконов ранней церкви.

Как было сказано выше, последователи учения Валаама искажали устои христианской жизни, вступали в компромисс с миром и все глубже погружались в него. Путь соглашательства приводил их в конечном итоге к Николаитам.

Они утверждали, что дух остается чистым, независимо от того, сколько бы ни грешило тело, и поэтому дух пойдет на Небеса. Мы знаем из Библии, насколько это неверно (1-е посл. к Коринфянам, 6:9-10; 1-е посл. к Фессалоникийцам, 5:23).

1-е послание Иоанна, 1:7, гласит: *«Если же ходим во свете, подобно как Он во свете, то имеем общение друг с другом, и Кровь Иисуса Христа, Сына Его, очищает нас от всякого греха»*. Только, если мы отступаемся от грехов и ходим во Свете, мы можем Кровью Иисуса Христа очиститься от всех грехов.

Как мы можем утверждать, что спасены, если продолжаем жить во грехе? «Удобная» нам христианская жизнь в какой-то момент обязательно приведет нас к оккультным учениям, которые утверждают, что, совершая греховные поступки, можно спастись. Некоторые верующие очень любят мир и не могут жить по Слову. Они находят интерес в учениях, провозглашающих возможность спастись, даже совершая грехи, и становятся их последователями.

«Удобная» христианская жизнь сегодня является главной угрозой, и мы должны быть вдвойне осмотрительны, чтобы не попасть в сети учения Николаитов. Если не молимся горячо, служим, как сами считаем нужным, истолковываем Слово Божье по собственному усмотрению и говорим: «Этого хватит, я не должен делать этого...», то мы ничем не отличаемся от Николаитов.

Крайности учения Валаама могут привести к учению Николаитов

И учение Валаама, и учение Николаитов ведут к тому, что верующие начинают рассматривать свое христианство так, как им выгодно в той или иной ситуации. Однако в каждом учении есть и различия.

Учение Валаама – это служение Богу с двойным сердцем. Это любовь к деньгам и всему материальному. Это соглашательство с миром во имя мирской власти и почестей на деле, а на словах - разговоры о любви и служении Богу. Так меняется сердце, которое вначале было сосредоточено на служении Богу, а потом устремилось в мир. Конец таковых – погибель.

Но Николаиты действуют по-другому. Они учат, что согрешение никак не связано со спасением, и этим они искушают других следовать вместе с ними путем погибели.

Учение Николаитов ставит под сомнение тот факт, что Иисус был распят за нас.

Ноги и руки Иисуса были пробиты гвоздями во имя нашего искупления от грехов, которые мы совершаем своими делами. Но они говорят, что мы спасемся, даже продолжая грешить. Это - отречение от Господа, выкупившего нас ценой Своей Крови.

Как сказано в Послании к Галатам (5:13): *«К свободе призваны вы, братия, только бы свобода (ваша) не была поводом к [угождению] плоти; но любовью служите друг другу»*, мы освобождены от греха и обрели свободу, благодаря Иисусу Христу, и мы не должны использовать свободу как возможность ублажать плоть.

Конечно, само по себе, согрешение еще не является делами Николаитов. Новообращенный верующий, имеющий слабую веру, еще не может твердо пребывать в Слове и иногда совершает грехи, он кается и отворачивается от них. Проходя через это, он постепенно искореняет грехи.

Но следует помнить: если будем продолжать дела Валаама и идти на компромисс с миром, нас подловит сатана, мы увлечемся учением Николаитов и поверим, что, совершая грехи, имеем возможность обрести спасение.

Бог желает, чтобы мы покаялись и обратились

Господь говорит последователям Валаама и Николаитам следующее: *«Покайся; а если не так, скоро приду к тебе и сражусь с ними мечом уст Моих»* (Откровение, 2:16).

Господь сказал: «... мечом уст Моих», то есть Словом Божьим. Фраза «сражусь с ними мечом уст Моих» означает, что Господь, при помощи Слова Божьего, объяснит им, что правильно, а что неправильно, чтобы они смогли обратиться, то есть вернуться на правильный путь. Любящий Бог желает нашего покаяния и возвращения.

Когда человек идет неверным путем, другой человек, с помощью Слова Божьего, может дать совет или высказать порицание. Если тот поймет и отступится, то это благословение. Но есть такие, кто, имея уши, не слышат. Это те, чей духовный слух закрыт.

Как сказано в Притчах (22:17): *«Приклони ухо твое, и слушай слова мудрых, и сердце твое обрати к моему знанию»*. Если мы истинные дети Божьи, мы должны быть способны обращать свой слух к Слову Божьему, к истине. Если даже Слово будет для нас подобно розгам, мы должны еще больше обратить на него внимание, найдя свое истинное «я», и измениться. Тогда Слово станет добрым лекарством для нас и послужит нам во благо, удаляя грех.

Но высокомерные, исполненные зла в сердце своем не послушают Слова Божьего, укоряющего и обличающего их. Их уши, скорее, предпочтут слушать что-то порочное. В Притчах, 17:4, сказано: *«Злодей внимает устам беззаконным, лжец слушается языка пагубного»*.

Нам надо понять, что решается вопрос жизни и смерти, поэтому мы должны иметь здравое суждение, бодрствовать в молитве и внимать истине. Мы не должны попадать под влияние еретических мыслей. А если мы все же оказались под их влиянием, надо послушаться Божьего голоса, желающего нашего покаяния, и немедленно отвратиться от них.

Обещание Господа Пергамской церкви

«Имеющий ухо (слышать) да слышит, что Дух говорит церквам: побеждающему дам вкушать сокровенную манну, и дам ему белый камень и на камне написанное новое имя, которого никто не знает, кроме того, кто получает» (Откровение, 2:17).

Нам надо слышать голос Святого Духа и запоминать. Если мы хоть в чем-то следуем делам Валаама или учению Николаитов, нам надо покаяться и отступиться от этого. Мы все преодолеем, если не оставим своей веры в Господа до самого конца. Этим людям Господь пообещал, что он даст им вкушать сокровенную манну и даст белый камень.

Обетование вечной жизни, если покаемся

Сокровенная манна относится к нашему Господу, Иисусу Христу. Манной была пища, которую сыны Израиля получали в пустыне во время Исхода. В Исходе, 16:31, дается объяснение манны: *«Она была, как кориандровое семя, белая, вкусом же как лепешка с медом»*. Она была необходима для поддержания их физической жизни.

Но Евангелие от Иоанна, 6:49-51, пишет следующее: *«Отцы ваши ели манну в пустыне и умерли; хлеб [же], сходящий с небес, таков, что ядущий его не умрет. Я - хлеб живый, сшедший с небес: ядущий хлеб сей будет жить вовек; хлеб же, который Я дам, есть Плоть Моя, которую Я отдам за жизнь мира»*.

В духовном смысле, манна относится к Плоти Господа, то есть к Слову Божьему. Это значит, что те, кто вкушают Его, получат вечную жизнь.

Дать сокровенную манну означает, что мы можем получить спасение через Иисуса Христа. Даже тем, кто ведет удобную для себя христианскую жизнь, следует оккультным учениям, дается обетование вечной жизни, при условии, что они покаются и отвратятся от этих дел.

Почему Господь сказал, что эта манна сокровенная?

1-е послание к Коринфянам, 2:7-8, гласит: *«... но проповедуем премудрость Божию, тайную, сокровенную, которую предназначил Бог прежде веков к славе нашей, которой никто из властей века сего не познал; ибо если бы познали, то не распяли бы Господа славы».*

Факт того, что Иисус пришел на эту землю во плоти и умер на кресте, чтобы освободить человечество от их грехов, было Божьим провидением, которое Он запланировал еще прежде времен, но тайна не могла быть открыта до времени. Поэтому Иисус Христос назван «манной», «сокровенной манной».

Значение белого камня

Затем Господь говорит, что Он даст белый камень. Что это за белый камень? В 1-м послании к Коринфянам, 10:4, написано следующее: *«И все пили одно и то же духовное питие; ибо пили из духовного последующего камня; камень же был Христос»*. Под словом «камень» подразумевается наш Господь, Иисус Христос.

Белый цвет означает отсутствие греха и зла. Белый камень, в этом случае, указывает на безгрешность и чистоту Иисуса Христа, не имеющего в Себе никакого греха или тьмы.

«Дам белый камень» означает, что, когда наша вера возрастет, мы встанем на камень веры, вкушая манну, нашу духовную пищу, и исполняя Слово.

Господь говорит, что на камне написано новое имя. Деяния, 4:11-12, гласят: *«Он есть камень, пренебреженный вами, зиждущими, но сделавшийся главою угла, и нет ни в ком ином спасения, ибо нет другого имени под небом, данного человекам, которым надлежало бы нам спастись».* Имя это - Иисус Христос.

И только те, кто слушают Слово истины, с верой исполняют его, смогут познать имя нашего Господа, Иисуса Христа.

Но разве людям во всем мире не ведомо имя Иисуса Христа? Нет, они не знают Его! Вернее, им знакомо Его имя лишь в светском значении: кто-то считает, что Иисус Христос – один из четырех святых. Но они не понимают, что Иисус Христос является единственным Спасителем, и, значит, не могут утверждать, что «знают» Иисуса Христа.

Но я сожалею вот о чем: даже среди верующих есть люди, которые не знают имени Господа. Они ходят в церковь, утверждают, что веруют в Господа, но это еще не значит, что они знают Господа. Только исполняя Слово истины, мы можем говорить, что действительно знаем имя Господа.

Чтобы получить сокровенную манну и белый камень, мы должны стать теми, кто способен многое преодолеть. То есть способен жить в истине и, сопротивляясь греху, пройти свой жизненный пусть с непоколебимой верой.

Только те, кто наделен этой способностью, смогут получить манну и белый камень, на котором написано имя Господа, и поймут, кто такой Иисус Христос, уверуют в него, возложат надежды на Небеса и будут жить в радости и благодарении.

Знание без действий не поможет возрасти в вере.

Некоторые не могут по-настоящему поверить в то, кем Иисус Христос является. Они не могут вместить в сердце это имя.

Люди не живут верой в Слово Божье, объясняя это словами из Писания – «дух бодр, плоть же немощна». Но это всего лишь попытка оправдаться. Если люди действительно желают жить по Слову, то появятся и дела.

Они же желают лишь умом, но не сердцем. Если человек сердцем решает что-то сделать, то за этим обязательно последуют действия.

Если человек принимает манну от Господа и имя Иисуса Христа, которое было сокрыто прежде времен, тогда он познает и уверует в это имя всем сердцем. И тогда последуют соответствующие дела.

Таким людям Господь говорит: «Я знаю вас», и Он обещает им, как сказано в Евангелии от Иоанна (10:28): *«И Я даю им жизнь вечную, и не погибнут вовек; и никто не похитит их из руки Моей».*

Только живущие в Истине получают вечную жизнь

Многие утверждают, что знают и веруют в Бога, но не все они могут быть спасены.

Евангелие от Иоанна, 3:36, гласит: *«Верующий в Сына имеет жизнь вечную, а не верующий в Сына не увидит жизни, но гнев Божий пребывает на нем».* Уверовав и подчинившись учению Господа и одолев грехи и зло, мы можем получить обетование спасения через Иисуса Христа. Именно такие люди знают имя Иисуса Христа.

Недостаточно того, чтобы мы знали Господа. Нас должен знать Сам Господь.

Евангелие от Иоанна, 10:25-27, ясно указывает на тех, кому Господь говорит: «Я знаю вас». Он говорит: *«Я сказал вам, и не верите; дела, которые творю Я во имя Отца Моего, они свидетельствуют о Мне. Но вы не верите, ибо вы не из овец Моих, как Я сказал вам. Овцы Мои слушаются голоса Моего, и Я знаю их; и они идут за Мною».*

1-е послание Иоанна, 1:6-7, гласит: *«Если мы говорим, что имеем общение с Ним, а ходим во тьме, то мы лжем и не поступаем по истине; если же ходим во свете, подобно как Он во свете, то имеем общение друг с другом, и Кровь Иисуса Христа, Сына Его, очищает нас от всякого греха».*

Только ходящие во Свете и действующие по истине имеют общение с Богом. Такого рода человек действительно знает Бога и Господа и может быть прощен от всех грехов Кровью Иисуса Христа.

Иисус говорил только об истине и праведности, и Сам являл многие чудеса и знамения именем Бога Отца. Но в Его дни были люди, которые не верили. Им Он сказал: *«Но вы не верите, ибо вы не из овец Моих, как Я сказал вам»* (От Иоанна, 10:26).

Если они – истинные овцы Господа, они уверуют в Господа по Его слову и Его делам. Если уверуют в Него, они услышат Его голос и последуют за Ним. Такие овцы являются овцами Господа, и им Он говорит: «Вы – овцы Мои. Я знаю вас».

Нам следует подчиняться Слову Божьему, следовать истине и принять обетование вечной жизни, данное Господом, чтобы во всех областях нашей жизни приносить обильные плоды.

Глава 4

Церковь Фиатиры

- Компромисс с миром, вкушение идоложертвенного

Фиатирская церковь совершила больше, чем прежде, дел по строительству Царства Божьего. За это их Господь похвалил, но они также получили упрек за то, что ели то, что было принесено в жертву идолам, терпимо относились к лжепророчице Иезавель, шли на компромисс с миром.

Данное послание адресовано тем церквям и верующим, которые идут на компромисс с миром и ведут «удобную» христианскую жизнь.

Откровение, 2:18-29

«И Ангелу Фиатирской церкви напиши: так говорит Сын Божий, у Которого очи, как пламень огненный, и ноги подобны халколивану: знаю твои дела и любовь, и служение, и веру, и терпение твое, и то, что последние дела твои больше первых.
Но имею немного против тебя, потому что ты попускаешь жене Иезавели, называющей себя пророчицею, учить и вводить в заблуждение рабов Моих, любодействовать и есть идоложертвенное. Я дал ей время покаяться в любодеянии ее, но она не покаялась. Вот, Я повергаю ее на одр и любодействующих с нею в великую скорбь, если не покаются в делах своих. И детей ее поражу смертью, и уразумеют все церкви, что Я есмь испытующий сердца и внутренности; и воздам каждому из вас по делам вашим.
Вам же и прочим, находящимся в Фиатире, которые не держат сего учения и которые не знают так называемых глубин сатанинских, сказываю, что не наложу на вас иного бремени; только то, что имеете, держите, пока приду.
Кто побеждает и соблюдает дела Мои до конца, тому дам власть над язычниками, и будет пасти их жезлом железным; как сосуды глиняные, они сокрушатся, как и Я получил [власть] от Отца Моего; и дам ему звезду утреннюю. Имеющий ухо (слышать) да слышит, что Дух говорит церквам».

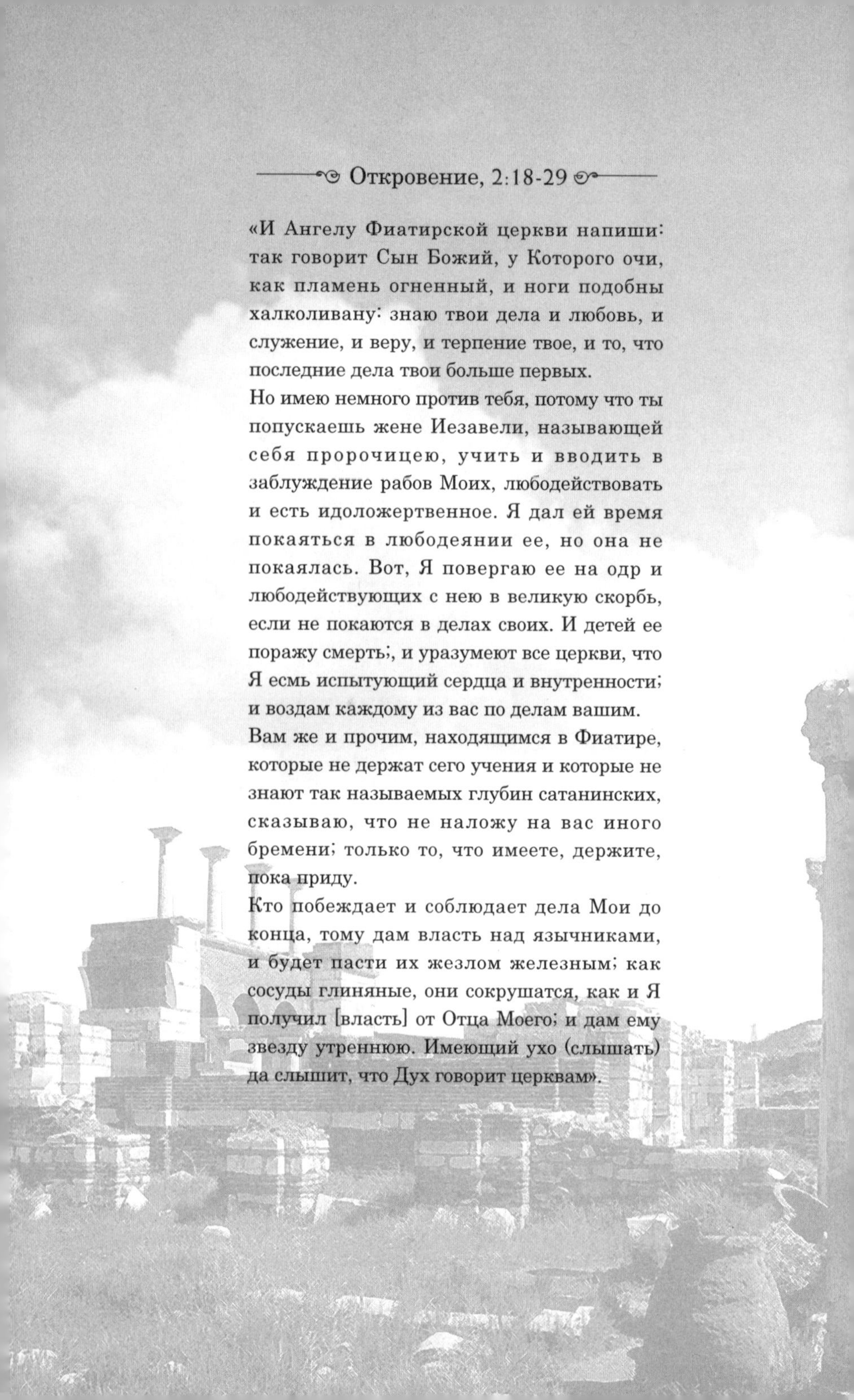

Послание Господа Фиатирской церкви

«И Ангелу Фиатирской церкви напиши: так говорит Сын Божий, у Которого очи, как пламень огненный, и ноги подобны халколивану» (Откровение, 2:18).

Фиатира в те времена процветала за счет торговли и ремесел. Люди одной и той же профессии объединялись в группы, похожие на современные гильдии. Были гильдии красильщиков, ткачей, пекарей, мастеров по фарфору, кузнецов и тому подобные. Гильдии были непосредственно связаны с жизнью жителей Фиатиры. Неприсоединение к гильдии могло создать сложности в повседневной жизни.

Но проблема заключалась в том, что каждая гильдия поклонялась своему божеству-хранителю. Действия гильдии носили религиозный характер. На собраниях гильдии божествам-хранителям посвящались соответствующие обряды. После церемоний они ели то, что было принесено в жертву идолам, и члены гильдии были обязаны участвовать в этих непристойных и распутных собраниях. Всех членов обязывали участвовать в этом, даже если они возражали.

Можно представить, как непросто им было сохранять свою веру. Верующие церкви Фиатиры также вынуждены были присоединяться к гильдиям, чтобы заработать на жизнь. Некоторые из них участвовали в ритуалах и следовали аморальным обычаям, только чтобы не потерять средства к существованию.

Очи Господа – как пламень огненный, а ноги подобны халколивану

В стихе 18-м приводится описание Господа, который пишет ангелу Фиатирской церкви так: «Сын Божий, у Которого очи, как пламень огненный, и ноги подобны халколивану». Это означает, что Его глаза ярко сияют, как пламя во тьме, принося с собой ощущение тепла.

В то же самое время Его глаза, как пламень огненный, выжигают всякий грех, с точностью отличая правду от неправды. Господь своими очами, подобными огненному пламени, исследует каждое сердце, мысли и разум каждого человека. Поэтому и сказано, что Его очи – пламень огненный.

Что означают слова «ноги подобны халколивану»?

Откровение, 1:15, также говорит: *«И ноги Его подобны халколивану, как раскаленные в печи»*. Для очищения от примесей, золото, серебро или бронзу расплавляют в печи.

Чем лучше очистка, тем выше ценность металла. После нее он становится более блестящим и красивым. Ноги Господа чисты и ярки, как отполированный халколиван, то есть бронза. Считается, что ноги – одна из самых нечистых частей человеческого тела. Но наш Господь чист, и даже ноги Его чисты, так как Он совершенен и свят.

Библия сравнивает очи Господа с огненным пламенем, а ноги Его - с отполированной бронзой, потому что Бог желает, чтобы мы еще раз поняли, насколько славен и велик Господь.

Также этим подчеркивается факт того, что Господь есть Сын Божий. Он судит все и вся. Он совершенно свят и величествен, и Он един со Всемогущим Богом Творцом. Он судья всему. Его невозможно сравнить ни с одним существом: ни человеком, ни рукотворным идолом. Он достоин всей славы.

Евангелие от Иоанна, 20:31, гласит: *«Сие же написано, дабы вы уверовали, что Иисус есть Христос, Сын Божий, и, веруя, имели жизнь во имя Его»*. В 1-м послании Иоанна, 4:15, сказано: *«Кто исповедует, что Иисус есть Сын Божий, в том пребывает Бог, и он в Боге»*.

Единственный, кому мы должны поклоняться и служить, это Господь Иисус, который един с Богом. Мы не должны поклоняться никакому другому объекту или существу.

Современные церкви в состоянии Фиатирской церкви

Сегодня некоторые церкви перенимают догмы, распространенные в их местах, под предлогом проявления толерантности к местным вероучениям.

В одной церкви корейцам позволено поклоняться их предкам. Они утверждают, что веруют в Единственного Бога и Иисуса Христа как своего Спасителя, но тем не менее так поступают. Нет ничего плохого, разумеется, в том, чтобы почитать дела предков и выражать им благодарность. Но, когда участие в жертвенных ритуалах становится моральной обязанностью, это в конце концов приводит к противостоянию истине и Слову Божьему.

1-е послание к Коринфянам, 10:20, ясно говорит: *«[Нет], но что язычники, принося жертвы, приносят бесам, а не Богу. Но я не хочу, чтобы вы были в общении с бесами».*

Недавно некоторые протестантские церкви также стали заявлять нечто подобное и объединяться с другими религиями, где поклоняются идолам и приносят им дары. При этом они утверждают, что подобные мероприятия направлены на проявление добросердечия и объединение всего человечества.

Но Бог никогда не выказывал удовольствия от того, что церкви, взявшись за руки с представителями других религий, поклонялись идолам. Поздравления по случаю языческих праздников и приглашение идолопоклонников в святилище

Божье – богохульство. Если они и не намереваются хулить Бога, они идут против воли Божьей и даже выступают против Него, толком не зная истины.

Действия, вызванные недостатком знания Истины

Служение и поклонение Деве Марии, зачавшей Иисуса Святым Духом, есть пример такого непонимания истины. Конечно, они не признаются, что поклоняются Деве Марии как идолу. Они будут настаивать на том, что проявляют к ней крайнюю степень уважения, потому что она дала рождение Спасителю, Господу Иисусу.

Но фактически, тех, кто, не зная истины, не могут отличать правду, они приводят к молитвам и поклонению той, кто является всего лишь человеком.

В Евангелии от Иоанна (19:26-27): *«Иисус, увидев Матерь и ученика, тут стоящего, которого любил, говорит Матери Своей: Жено! се, сын Твой. Потом говорит ученику: се, Матерь твоя! И с этого времени ученик сей взял Ее к себе».*

Когда Иисус сказал Деве Марии «се, сын твой», Он указал на своего ученика Иоанна, стоявшего рядом, и его Иисус назвал ее сыном. Иисус не называл Себя ее сыном. Он также называл Деву Марию «Жено», то есть «Женщина». Матерью Он ее не называл.

Нигде в Библии не записано, что Иисус называл матерью

Деву Марию. Когда Иисус превратил воду в вино, Он сказал Деве Марии: *«Что Мне и Тебе, Жено? еще не пришел час Мой»* (От Иоанна, 2:4). Он обратился к Деве Марии, назвав ее «Жено», то есть женщина.

В Исходе, 3:14, Бог сказал: *«Я есмь Сущий»*. Никто не давал рождение Богу. Никто Бога не сотворил. Следовательно, Иисус изначально Одно с Богом Отцом и не может называть Деву Марию, простую женщину, матерью.

Иисус не был зачат при соединении спермы Иосифа и яйцеклетки Марии. Он был зачат от Святого Духа силой Божьей. Всемогущий Бог может произвести зачатие даже без спермы и яйцеклетки. Иисус как бы «одолжил» тело Марии.

Исход, 20:3-5, гласит: *«Да не будет у тебя других богов пред лицем Моим. Не делай себе кумира и никакого изображения того, что на небе вверху, и что на земле внизу, и что в воде ниже земли; не поклоняйся им и не служи им»*.

Эти верующие, вероятно, считают, что не поклоняются идолам, но из-за сформированных человеческим умом установок некоторые люди поклоняются идолам и идут против воли Божьей.

Если они будут упорствовать против истины, зная волю Бога, они не получат ни Божьей благодати, ни помощи Святого Духа. На них предъявит права сатана.

Иные формы противления Истине

Кроме этого, из различных областей жизни можно привести многие примеры вещей, противоречащих истине. Например, некоторые церкви разрешают курение табака и употребление алкоголя. Неужели это приемлемо? Курение и алкоголь сами по себе могут и не быть проблемой. Проблемой является то, что они ведут ко многим грехам.

В 1-м послании к Коринфянам, 3:17, сказано: *«Если кто разорит храм Божий, того покарает Бог: ибо храм Божий свят; а этот [храм] – вы»*. Сказано, что наши тела - святой храм Божий, и мы обязаны не осквернять его курением и выпивкой.

Есть также люди, которые не исповедуются перед Богом в собственных грехах, а с другими ведут себя как посредники между людьми и Богом. Иисус Христос стал нашим Посредником и искупил нас от грехов, чтобы мы стали Божьими детьми. Что же чувствует Иисус при виде таких людей?

Иисус умер на кресте, завеса храма разорвалась сверху донизу. Этим нам был открыт путь для непосредственного общения с Богом. В Ветхом Завете первосвященник приносил жертву для прощения грехов от имени народа. Но с тех пор как Иисус Христос стал нашей искупительной жертвой, нам была дарована возможность личного общения с Богом.

Всякий верующий в Иисуса Христа может войти в

святой храм и преклониться перед Ним. Когда мы молимся, мы можем обращаться к Богу напрямую, без помощи священника или пророка.

Кроме того, даже если кто-то скажет: «Ваш грех прощен», разве так прощается грех? Только Бог, и один только Бог, может прощать грехи.

Кто-то может спросить, что же тогда означают слова Господа, обращенные к ученикам после Его воскресения, приведенные в Евангелии от Иоанна (20:23): *«Кому простите грехи, тому простятся; на ком оставите, на том останутся»?* Смысл, заложенный в этих словах, не позволяет применять этот стих универсально к каждому человеку.

Таким человеком может быть лишь тот, кто стал един с Богом и Господом, кто пользуется любовью и поручительством Бога. Как сказано в Послании Иакова (5:16): *«Много может усиленная молитва праведного».* Молитва того, кого любит Бог, кто проверен Богом, может снискать Божью милость и сострадание.

Но это не значит, что каждый человек может безоговорочно отпускать грехи другим. Ключ к получению прощения - в руках самого человека.

1-е послание Иоанна, 1:7, гласит: *«Если же ходим во свете, подобно как Он во свете, то имеем общение друг с другом, и Кровь Иисуса Христа, Сына Его, очищает нас от всякого греха».* Мы можем получить прощение через драгоценную Кровь Иисуса Христа, только если покаемся в своих грехах, отвратимся от них и будем ходить в Свете.

Если продолжаем ходить во тьме, не каясь и не обращаясь, то, сколько бы ни молился за нас человек, которого любит и которому покровительствует Бог, Бог не простит нас.

Молиться, ища посредника между собой и Богом, чтобы получить прощение, значит показать недостаточное понимание Библии и отдалиться от воли Божьей.

Похвала Господа в адрес Фиатирской церкви

«Знаю твои дела и любовь, и служение, и веру, и терпение твое, и то, что последние дела твои больше первых» (Откровение, 2:19).

Иисус говорит следующее Фиатирской церкви: «Знаю твои дела и любовь, и служение, и веру, и терпение твое, и то, что последние дела твои больше первых». Кто-то подумает, что это одобрение Господа, но на самом деле, это не так. Просто их последние дела были более значимыми, чем прежние.

Фиатирская церковь со временем сделала гораздо больше, в отличие от Ефесской церкви, которая оставила свою первую любовь и получила укор от Господа.

Любовь, вера, служение и терпение Фиатирской церкви

Во-первых, они получили похвалу за свою работу. Под работой подразумевается не их производственная активность, а то, что они сделали для Господа. Это был труд на благо Божьего Царства, богоугодное дело, включающее спасение душ.

Примером такой работы являются евангелизация, посещение нуждающихся, миссионерская и благотворительная деятельность, преданность данным Богом обязанностям, служение другим.

Целью церкви являются только спасение душ и Божье Царство. Некоторые люди, занимаясь тем или иным делом, утверждают, что делают это исключительно для Божьего Царства, но истинной целью их активности является лишь собственная выгода.

Поскольку Богу это не угодно, это приведет к неприятностям. Поэтому ничего, связанного с мирскими делами, в церкви не должно быть. Более того, Богу не угодны даже наши разговоры на мирские темы, если мы их ведем в церкви.

В церкви Фиатиры была любовь. В Господе должна быть любовь, она должна быть неизменной, такой же, какую показал нам Господь. Это духовная и истинная любовь, и только те, кто имеют такую любовь, принадлежат Богу.

Божья воля в том, чтобы мы любили друг друга (1-е посл.

Иоанна, 4:7-8), и это – новая заповедь, данная нам. Сначала мы должны возлюбить Бога и своих ближних как самих себя.

У Фиатирской церкви также была вера. Вера напрямую связана с правдивостью. Не может человек верить другим, если у самого сердце лживое. Только честный сердцем человек способен увидеть и оценить правдивость других, сможет доверять и верить им.

То же касается и веры. Насколько мы имеем в сердце истины, настолько мы верим Божьему Слову, которое и есть Истина. Послание к Евреям, 10:22, гласит: *«... да приступаем с искренним сердцем, с полною верою»*. Когда сердца наши искренни, мы можем иметь истинную веру.

В Фиатирской церкви велось служение. Ведь даже Господь, будучи образом Божьим, *«не почитал хищением быть равным Богу; но уничижил Себя Самого, приняв образ раба»* (Посл. к Филиппийцам, 2:6-7).

Как сказано в Евангелии от Марка (10:45): *«Ибо и Сын Человеческий не для того пришел, чтобы Ему служили, но чтобы послужить и отдать душу Свою для искупления многих»*.

Поэтому, как дети Божьи, мы обязаны брать пример с Него и служить другим. Но служение, которого желает от нас Бог, должно исходить из самой глубины сердца каждого.

Нам следует думать о других, а не о себе, когда мы служим им. Тогда наше служение будет искренним, а не показным. Тогда окружающие будут нас уважать и также служить нам.

В Фиатирской церкви было терпение. Евангелие от

Матфея, 7:13-14, гласит: *«Входите тесными вратами, потому что широки врата и пространен путь, ведущие в погибель, и многие идут ими; потому что тесны врата и узок путь, ведущие в жизнь, и немногие находят их».*

Поскольку на Небеса ведет узкий путь, нам необходимо многое претерпеть. Нам надо бороться с грехом, вплоть до пролития крови. Нам нужно молиться и поститься, быть верными Божьему Царству. Порой, надо пострадать за имя Господа.

Если наша вера слаба, мы можем подумать, что служение тяжело, и нам захочется отдыха. Но Послание к Римлянам, 8:18, гласит: *«Ибо думаю, что нынешние временные страдания ничего не стоят в сравнении с тою славою, которая откроется в нас».* Ведь мы знаем, каким великим будет плод после того, как мы все стерпим, и это поможет нам подняться и вновь идти узким путем.

Но с того момента, как мы становимся на камень веры, нам уже не нужно заставлять себя двигаться узким путем, преодолевая трудности. Послание же к Римлянам, 5:3-4, гласит: *«... от скорби происходит терпение, от терпения опытность, от опытности надежда».* Как здесь сказано, мы полны радости и благодарности в любой ситуации. Мы можем идти на Небеса с миром в сердце.

Бог желает правды сердца и истинной веры

Как уже говорилось, похвала Господа Фиатирской церкви

на самом деле похвалой не являлась. Не потому, что их дела, любовь и вера были правильными в глазах Бога, а потому, что их поздние дела были более значимыми, чем ранние.

Их поздние дела были более существенные, чем вначале, но в их делах было больше показного. Господь же советовал им проверить и осознать: были ли их дела действительно делами правды.

Внешне их добрые поступки становились все значимее, но какова была их реальная цель? Это не значит, что они поступали неправильно. Однако им нужно было проверить себя: не делали ли они это с целью демонстрации собственной исключительности перед другими.

Главное не то, что демонстрируется внешне, а то, что внутри, в сердце; важны дела истинной веры. Возможно, мы и делаем что-то важное для Господа, и в нас есть любовь, вера, услужливость и терпение, но если они не исходят из самых глубин сердца, то это не настоящие дела и поступки.

Например, мы помогаем нуждающимся. Но если делаем это ради собственного удовлетворения или желания показать себя, думая: «Мы делаем много хорошего. Вот это любовь и вера!», - то Бог, который смотрит внутрь сердца, не одобрит этого.

Есть люди, которые кажутся преданными Божьим делам и вроде бы усердно стараются жить так, как должны жить верующие, однако Бог их не признает. Они кажутся такими верными христианами только потому, что исполняют много добровольной работы, служат другим, совершают добрые дела. Но есть вероятность, что они перестали обрезать свои сердца.

Они не трудятся в полноте Духа или с надеждой на Небеса, а напротив, работают с плотской прилежностью. Конечно, нам надлежит делать как можно больше добровольной работы, проявлять активность во многих областях церковной жизни, потому что для нас должно быть естественным совершать то, что угодно Богу.

Но еще важнее всем сердцем своим искать Божьей благодати и силы, все более изменяясь в духе. Только тогда наше добровольное служение станет делом истинной веры.

Вера без дел мертва, но дела без веры лишены смысла. Сколько бы дел мы ни совершали во имя Господа, без стремления избавиться от зла в своем сердце, без намерения распорядиться своей жизнью так, чтобы в ней работал Святой Дух, не будет ни духовной веры, ни духовной христианской жизни.

Мы можем казаться усердными служителями, но при этом не верить и не исполнять Слово, если оно в чем-то расходится с нашими собственными взглядами. В таком случае, мы не сможем понять сердце и волю Божью, так же, как и глубоко духовных слов, обращенных к нам. Наша вера будет по-прежнему плотской верой. Дела плотской веры могут получить одобрение разве что тех, кто видит только внешнюю их сторону, но не Бога, который проникает в сердце.

Может быть, и сегодня мы ведем христианскую

жизнь, которая продиктована не праведностью сердца, а поверхностным желанием получить признание окружающих. Поэтому мы должны проверять, какое у нас сердце.

Не так давно умерла одна известная монахиня, которая всю свою жизнь посвятила помощи нуждающимся. Ей была присуждена Нобелевская премия мира.

Но вы можете понять, с какой верой прожила эта женщина жизнь, из написанного ею письма. По этому поводу журнал «Тайм» пишет, что с того времени, как она начала помогать беднякам, и до самой своей смерти она не ощущала присутствия Бога. Она сравнивала боль своего сердца со страданиями в аду и скептически относилась к существованию Небес и Бога вообще.

Действительно, люди почитали и прославляли ее служение бедным. Но ее вера не была той верой, которую признает Бог. Именно поэтому она была не в состоянии вести жизнь во Христе, встретить Живого Бога и получить Его ответы.

Наши последующие дела должны быть значимее предыдущих, но в то же самое время они должны быть делами правды и истинной веры, которые могут быть признаны Богом.

Упрек Господа Фиатирской церкви

«Но имею немного против тебя, потому что ты попускаешь жене Иезавели, называющей себя пророчицею, учить и вводить в заблуждение рабов Моих, любодействовать и есть идоложертвенное. Я дал ей время покаяться в любодеянии ее, но она не покаялась. Вот, Я повергаю ее на одр и любодействующих с нею в великую скорбь, если не покаются в делах своих. И детей ее поражу смертью; и уразумеют все церкви, что Я есмь испытующий сердца и внутренности; и воздам каждому из вас по делам вашим» (Откровение, 2:20-23).

Фиатирская церковь обладала плотским усердием и преданностью, но не обрезала ревностно свое сердце.

Поэтому ее члены грешили, употребляя в пищу то, что было принесено в жертву идолам, и следовали лжепророчице Иезавели. Именно в этом упрекает их Господь.

Фиатирская церковь приняла Иезавель, провозгласившую себя пророчицей

Дочь царя Сидонского, Иезавель, жила в девятом веке до Р.Х. Она вышла замуж за израильского царя Ахава. Став его супругой, Иезавель познакомила Израиль с идолами сидонских богов, и, впоследствии, царь Ахав, его вельможи и их люди запятнали себя идолослужением.

Хотя Илия, человек Божий, низвел огонь на землю и вызвал дождь удивительной силой Божьей, она не покаялась и попыталась убить Илию. Она совершила много злодеяний и манипулировала царем Ахавом с помощью своих интриг. Иезавель совершала одно зло за другим до тех пор, пока ее не постигла жалкая участь, как и пророчествовал Илия.

Царя Ахав тоже был проклят Богом. Его постигла жалкая смерть на поле боя.

На Израиль также обрушилось множество несчастий из-за Иезавели. Причина, по которой в этой стране три с половиной года не было дождя, заключалась в том, что Бог отвернулся от Израильтян, запятнанных грехом Иезавели (3-я кн. Царств, 17:1; Посл. Иакова, 5:17).

Фиатирская церковь попустительствовала источнику греха, Иезавели, и тоже запятнала себя грехом.

Во 2-м послании к Коринфянам, 6:14-16, сказано: «*Не преклоняйтесь под чужое ярмо с неверными, ибо какое общение праведности с беззаконием? Что общего у света с тьмою? Какое согласие между Христом и Велиаром? Или какое соучастие верного с неверным? Какая совместность храма Божия с идолами? Ибо вы храм Бога живого, как сказал Бог: "вселюсь в них и буду ходить [в них]; и буду их Богом, и они будут Моим народом"*».

В Библии Бог предостерегает Своих детей не преклоняться под чужое ярмо с неверными. Более того, нам не следует идти на поводу у мира. Мы не должны допускать искушения неправдой.

Связавшись с теми, кто противостоит Богу, в личной ли жизни, в браке или на работе, мы обрекаем себя на испытания и несчастья. Сколько бы мы не старались, но, связав себя с теми, кто противится воле Божьей, мы ставим препятствия перед собственной верой, подвергаем себя мирским соблазнам.

Когда два быка впрягаются в одно ярмо и один из них пытается убежать или ленится работать, то сколько бы другой не старался, ему не удастся двигаться в нужном направлении. Так же и мы, встав под одно ярмо с неугодными Богу, обрекаем себя на проблемы в духовной жизни и лишаем себя благословений.

Это не значит, что мы не должны пускать неверующих к себе в дом, избегать их на работе, но в тоже время ни в коем случае не следует заблуждаться и терпеть людей, подобных

Иезавели, не говоря уже о том, чтобы связывать себя с ними какими-либо узами.

Упрек Фиатирской церкви за «ядение идоложертвенного»

Господь упрекнул верующих этой церкви за то, что они терпимо относились к Иезавели, объявившей себя пророчицей, вели себя аморально и употребляли в пищу то, что приносилось в жертву идолам, – «идоложертвенное».

Здесь, слово «идоложертвенное» не следует понимать в буквальном смысле, то есть как нечто, предназначенное в жертву идолам. Скорее всего, речь идет о предостережении против разного рода злодеяний, которым сопутствует употребление подобной пищи. Члены церкви участвовали в безнравственных обрядах поклонения идолам. И в этом была главная проблема.

В 15-й главе Деяний говорится, что апостолы и старейшины наставляли язычников, принявших Евангелие, воздерживаться от того, что было осквернено идолами, от крови, мяса удавленных животных, от блуда.

В те времена иудеи смолоду были приучены во всем следовать Закону. Им было нетрудно воздерживаться от того, что было запрещено Богом. Но язычникам было нелегко соблюдать Закон. Поэтому апостолы решили предоставить верующим из язычников определенную свободу действий, за исключением некоторых вещей.

Причина, по которой они велели им воздерживаться от того, что приносили в жертву идолам, была в том, чтобы не запятнать себя поклонением идолам и прочими, тесно связанными с этим грехами. Но в 1-м послании к Тимофею, 4:4, сказано: *«Ибо всякое творение Божие хорошо, и ничто не предосудительно, если принимается с благодарением».*

Таким образом, нельзя сказать, что принятие в пищу еды, которую жертвуют идолам, само по себе греховно, если, конечно, мы не участвуем в языческих обрядах. Даже если еда эта выставлена перед идолами, она все-таки дарована Богом, поэтому если мы едим ее с верой, то греха не совершаем.

Вместе с тем, 1-е послание к Коринфянам, 8:7, гласит: *«Но не у всех [такое] знание: некоторые и доныне с совестью, [признающею] идолов, едят [идоложертвенное], как жертвы идольские, и совесть их, будучи немощна, оскверняется».* Иными словами, если маловер ест то, что было пожертвовано идолам, думая, что совершает грех, то совесть его будет осквернена, потому что он сознательно делает то, что, по его мнению, является грехом.

Более того, 1-е послание к Коринфянам, 8:10, говорит: *«Ибо если кто-нибудь увидит, что ты, имея знание, сидишь за столом в капище, то совесть его, как немощного, не расположит ли и его есть идоложертвенное?».* Если маловер видит как тот, кого он считает верующим, ест в языческом капище, то он может подумать, что это допустимо. Если он бездумно последует такому примеру, то это может толкнуть его на совершение более тяжких грехов.

Таким образом, если даже наша вера достаточно сильна, чтобы принимать пищу, принесенную идолам, но это может вызвать замешательство у братьев, чья вера не столь сильна, то лучше не есть такую пищу.

Духовный смысл любодействования и вещей, пожертвованных идолам

Любодействование и употребление пищи, принесенной идолам – это не только определенные действия. В духовном смысле, когда дети Божьи любят что-то превыше Бога или поклоняются ненавистным Богу идолам, это и называется духовным любодействованием.

Кроме того, когда они встают в один ряд с людьми, которые подвергают верующих искушению мирскими удовольствиями и неправдой и участвуют в их действиях, - это равносильно употреблению мяса животных, принесенных в жертву идолам. Поскольку церковь Фиатиры была терпима к Иезавели, то это, в конечном итоге, привело к тому, что они стали допускать духовную безнравственность и идолопоклонство среди верующих. Именно в этом и упрекает их Господь.

В Фиатире существовало множество высокоразвитых ремесленных гильдий. Верующие Фиатирской церкви, войдя в состав гильдий, постоянно подвергались искушению поклоняться идолам. Все их собратья по ремеслу поклонялись идолам ради процветания своего дела. Если члены церкви отказывались участвовать в языческих обрядах, их ненавидели и подвергали гонениям. Представим себе, что человек, называющий себя «братом во Христе», приходит и начинает искушать верующих, при этом хорошо сознавая их душевные муки.

«Вы ведь сердцем не верите в этого идола. Всего-то раз поклонитесь ему, и все будет в порядке. Не стоит выделяться из толпы. Бог есть любовь...».

«Если будете упорствовать и ссориться с соседями, то вас начнут сторониться, и это воспрепятствует славе Божьей. Вы вообще никому не сможете благовествовать. Чтобы проповедовать людям Евангелие, надо быть мудрыми: неужели вам трудно один только раз поклониться этому идолу?».

Зная, что это неправда, некоторые люди все же находили себе оправдание и искушали других, как это делала Иезавель. Что если они были служителями или пасторами церкви?

Если кто-то придет к нам и скажет напрямик: «Давайте восстанем против Бога! Давайте творить зло!», – то, имея даже немного веры, мы постараемся быть бдительными и будем держаться в стороне от такого человека. Но если этот человек внешне исповедует Слово Божье и при этом говорит, что «общается с Богом», то маловеры могут стать жертвами обмана.

Если бы это был истинный пророк Божий, то ему сопутствовали бы Божьи свидетельства. Он приносил бы плоды Света и Духа Святого, такие, как добродетель, любовь, жертвенность и кротость. Что самое главное, у него была бы власть, ему сопутствовали бы деяния силы Божьей, которые показывали бы, что с ним Бог.

Те, в ком работает Святой Дух, могут отличить истинного пророка по плодам его, даже тогда, когда он и не называет себя пророком. Напротив, когда лжепророк выдает себя за пророка, подобно Иезавели, то только истина поможет выявить его подлинную сущность.

Второзаконие, 18:22, гласит: *«Если пророк скажет именем Господа, но слово то не сбудется и не исполнится, то не Господь говорил сие слово, но говорил сие пророк по дерзости своей, – не бойся его»*.

Причина, по которой мы должны отвергать лжепророков

Человек, который зовет себя пророком и зло клевещет на других, судит и осуждает ближних, ищет своей выгоды и лжет, сеет раздор между людьми, и является лжепророком. Лжепророк навлекает на церковь невзгоды, обманывая и развращая ее членов своими злонамеренными кознями.

Он не ведет людей к любви Божьей. Напротив, он насаждает плотское и мирское среди них и заставляет окружающих следовать за собой неправедными путями.

Общаясь с таким человеком, мы запятнаем себя ложью, сами того не осознавая. Поэтому церковь никогда не должна быть терпимой к людям, подобным Иезавели, и не должна впадать в искушение, греша вместе с лжепророком.

Конечно, когда кто-то из паствы не исполняет Слово и навлекает невзгоды на остальных, объявляя себя «пророком», истинный пастырь должен все претерпеть и вести свою паству с любовью.

Но нам следует знать, что любовь вовсе не заключается в толерантности к сатанинскому сборищу. Терпимое отношение к таким людям, как Иезавель, которая искушает верующих, только позволяет им беспрепятственно действовать в церкви.

В Евангелии от Матфея, 18:15-17, объяснено, как мы должны вести себя с теми, кто вызывает такие проблемы в церкви.

«Если же согрешит против тебя брат твой, пойди и обличи его между тобою и им одним: если послушает тебя, то приобрел ты брата твоего; если же не послушает, возьми с собою еще одного или двух, дабы устами двух или трех свидетелей подтвердилось всякое слово. если же не послушает их, скажи церкви; а если и церкви не послушает, то да будет он тебе, как язычник и мытарь».

Мы обязаны исполнять эту заповедь. Если человек покается, мы должны простить его и позабыть о его проступках. Но если он не желает каяться и отвращаться от греха, упорствуя до конца, нам не следует предоставлять его самому себе, чтобы он смог сеять раздор в церкви и противостоять Богу.

В то же самое время, мы должны делать это с сердцем Господа, Который «трости надломленной не переломит, и льна курящегося не угасит».

Бог дает возможность покаяться

Если человек совершает грех и ошибки в глазах Божьих, наказание свыше приходит не сразу. Через проповедь или дела Святого Духа Бог дает ему возможность осознать свой грех, покаяться и отступиться от него.

Однако, если сердце человека, несмотря на возможность раскаяться, остается ожесточенным и он не способен освободиться от своего греха, наказание постигнет его из-за обвинений сатаны. Поначалу наказание будет легким. Но если и после этого человек не отступится, то последуют более суровые наказания.

Именно это произошло во времена Исхода, когда на Египет обрушились Десять казней. Во-первых, воды Нила стали не пригодны для питья и превратились в кровь, затем последовала казнь жабами, которые были повсюду – даже в житницах с зерном.

Несмотря на весь ужас этих казней, причиненный ими ущерб не был настолько фатален, чтобы его нельзя было восстановить. Было бы правильно, если бы фараон свернул со своего пути, но когда казни прекращались, он по-прежнему продолжал перечить воле Божьей, что навлекало еще более страшные казни.

Были казни воспалениями и моровой язвой. За ними последовали казни градом и саранчой. Они повлекли непоправимый материальный ущерб.

Но все-таки фараон не отвратился от греха. И, наконец, последовала самая страшная казнь – смерть первенцев во всем Египте. Она распространялась на всех подданных фараона, на рабов и даже на скот. Но фараон не покаялся и за это нашел свою смерть на дне Красного моря.

Притчи, 3:11, гласят: *«Наказания ГОСПОДНЯ, сын мой, не отвергай, и не тяготись обличением Его»*. Когда дети Божьи пренебрегают волей Божьей, Святой Дух в них стонет. Они теряют покой, их сердца страдают.

Кроме того, Бог посылает им разные знамения, чтобы они осознали происходящее. Но если они не способны осознать свои грехи, Бог дозволяет наказания. Это травмы, болезни или несчастные случаи. Это и проблемы в семье или на работе, финансовые потери.

Мы – дети Божьи, и Бог воспитывает нас, чтобы мы не сошли с пути истинного. Если после греха не последует наказания, то это значит, что у нас нет ничего общего с Богом. Поистине, это страшнее, чем любое наказание (Посл. к Евреям, 12:8).

Итак, приняв наказание за свой грех, мы не должны огорчаться сердцем или сдаваться. Напротив, нам следует благодарить Бога от всего сердца и незамедлительно отступиться от греха. Тогда Бог милосердия и благодати простит нас. Он избавит нас от скорбей и защитит от казней. Он вновь дарует нам мир и свою защиту.

Ситуация, когда возможности для покаяния упущены

Но если мы не раскаиваемся, даже когда Бог, наказывая нас, дает нам шанс, то мы пожнем то, что посеяли на этой земле. В Последний день мы будем приговорены к вечной смерти.

Церковь Фиатиры также получила шанс покаяться, но не отвратилась от греха, поэтому обрекла себя на суровые испытания. Господь предостерегает их, говоря: *«Вот, Я повергаю ее на одр и любодействующих с нею в великую скорбь, если не покаются в делах своих»* (ст. 22).

В сущности говоря, «одр», то есть постель, ассоциируется с отдыхом и комфортом, с желанием прилечь и восстановить силы. Но в духовном плане, «одр» – это то место, где Иезавель совершает мерзости. Это место, оставленное и забытое Богом. Поэтому фраза «Я повергну ее на одр» выражает гнев Господа на нечестивцев, не отвращающихся от греха, даже когда им дарована такая возможность. Это значит, что Господь низвергнет их в ситуацию, когда скорбь их будет страшна.

Иногда злодеи, казалось бы, процветают внешне, потому

что наказание и скорби не постигают их незамедлительно. Некоторые люди ропщут и вопрошают: «Если бы Бог в действительности был жив, как бы он допустил, что этим людям все сходит с рук?» .

В Псалме, 36:1-2, написано: *«Не ревнуй злодеям, не завидуй делающим беззаконие, ибо они, как трава, скоро будут подкошены и, как зеленеющий злак, увянут»*. И еще в Псалме, 36:10, говорится: «Еще немного, и не станет нечестивого; посмотришь на его место, и нет его».

Как написано, даже если нечестивцы какое-то время кажутся преуспевающими, если им живется легко и удобно, как если бы они почивали в постели, то, стоит им пересечь пределы дозволенного, и на них незамедлительно обрушивается суд.

Иногда кажется, что суд им не грозит, что они живут мирной жизнью и умирают своей смертью. Но не обманывайтесь – им уготовано пламя вечной смерти в аду. Люди эти отнюдь не преуспевают.

Одр, на который была повергнута Иезавель, может показаться удобным тем, кто не осознает этого факта, и это может ввести их в искушение и подтолкнуть к совместным греховным поступкам. Таким людям Господь говорит: *«Я повергаю ее на одр и любодействующих с нею в великую скорбь, если не покаются в делах своих»*.

Что же значит «великая скорбь»? Здесь, подразумеваются либо Страшный суд над неспасенными и низвержение их в ад, либо Семь лет Великой Скорби, через которые пройдут те, кто станут свидетелями возвращения Господа.

Бог судит по справедливости

Бывают случаи, когда воздаяния за грех одного человека касаются не только его самого, но многих.

Во-первых, возмездием за грех первого лица государства могут быть скорби, касающиеся всей страны. Во-вторых, несчастья могут обрушиться на всю церковь из-за пастора, если он, являясь ее главой, совершил нечто недостойное в глазах Божьих. В-третьих, семья может переносить трудности за грех одного из ее членов.

Случай Иезавели отражает все три аспекта. Иезавель была подобна матери для страны. Она ввела в искушение своего мужа-царя, его подданных и народ. Идолопоклонников она сделала религиозными лидерами. Из-за этого всю страну постигли великие страдания из-за засухи, которая длилась три с половиной года. Сама же Иезавель умерла бесславной, трагической смертью.

Из этого можно сделать вывод, что войны и серьезные скорби не являются случайностями, а происходят согласно закону справедливости. То же касается происходящего у вас дома и на работе.

Таким образом, нам следует помнить, что чем выше наше положение, тем большую мы несем ответственность и в миру, и в церкви. Когда голова бодрствует и занята молитвой, то преуспевает все тело. Даже если придет испытание, оно прекратится быстро.

Бог ведает глубины сердца каждого человека и взирает на нас Своим пламенным взором, поэтому никто не может обмануть Его. Люди, вроде Иезавели, и те, кто соучаствовали в ее делах, обязательно будут судимы судом праведным.

В стихе 23-м Господь говорит: *«И детей ее поражу смертью, и уразумеют все церкви, что Я есмь испытующий сердца и внутренности; и воздам каждому из вас по делам вашим».*

Слова предостережения, «детей ее поражу смертью», также значат, что наказание или скорбь придут по справедливости. Это отнюдь не всегда подразумевает, что наказание или скорбь коснется детей.

В результате личного греха член любящей семьи, например, муж или жена, может пострадать от скорби – финансовых проблем или болезни. Божья справедливость проявится через суд, который даст понять людям со всей очевидностью, что Бог руководит не только делами, но и мыслями, волей и сердцем человека.

Конечно, до того как придут несчастья, Бог разными путями дает нам возможность осознать свои ошибки. Он посылает нам предостережения через проповеди, неожиданные встречи и происшествия.

До тех пор пока у нас есть духовный слух и мы слышим Его голос, мы можем чувствовать, что Бог ведает наше сердце и помышления и что Он присутствует во всем, включая даже малое. Притчи, 15:3, гласят: *«На всяком месте очи*

ГОСПОДНИ: они видят злых и добрых». И Псалом, 138:3, говорит: *«Иду ли я, отдыхаю ли – Ты окружаешь меня, и все пути мои известны Тебе».*

Всесильный Бог знает не только слова и дела каждого человека, но и его сердце. Он ведает самые глубины его. Мы не способны скрыть от Него даже малейшее недовольство другим человеком. А самое малое благодеяние, совершенное нами втайне, станет явным в День Суда.

Итак, нам следует внимательно слушать голос Бога, испытывающего наше сердце, и бдительно ограждать себя от учений Иезавели.

Совет и обетование Господа Фиатирской церкви

«Вам же и прочим, находящимся в Фиатире, которые не держат сего учения и которые не знают так называемых глубин сатанинских, сказываю, что не наложу на вас иного бремени; только то, что имеете, держите, пока приду. Кто побеждает и соблюдает дела Мои до конца, тому дам власть над язычниками, и будет пасти их жезлом железным; как сосуды глиняные, они сокрушатся, как и Я получил [власть] от Отца Моего; и дам ему звезду утреннюю. Имеющий ухо (слышать) да слышит, что Дух говорит церквам» (Откровение, 2:24-29).

Бог есть Бог Справедливости, воздающий каждому по делам его. Но в то же самое время, Он – любящий и долготерпеливый Бог.

2-е послание Петра, 3:9, гласит: *«Не медлит Господь [исполнением] обетования, как некоторые почитают [то] медлением; но долготерпит нас, не желая, чтобы кто погиб, но чтобы все пришли к покаянию».*

Совет Господа, данный Фиатирской церкви, отражает сердце Божье. Господь не оставил церковь Фиатиры без возможности покаяться и снова стал наставлять их.

Некающаяся церковь Фиатирская

«Прочие, находящиеся в Фиатире, которые не держат сего учения» – это новообращенные, которые еще не живут по Слову Божьему. Они усердно слушают Слово Божье, но у них не достаточно веры, чтобы соблюдать его.

Итак, Господь говорит, что они не знают «глубин сатанинских». В сегодняшнем смысле это относится к тем, кто остается приверженцем идолопоклонства, но не осознает, что тем самым потакает проискам сатаны.

Все страны имеют свои законы и правила. Если они исполняются, все идет хорошо. Незнание этих законов может привести человека к нарушениям, за что он получит наказание. То же касается и духовного мира. Если мы не знаем Закона Божьего, то можем нарушить Его, попавшись на искушения сатаны.

Ценой за это будет наказание. Однако, даже совершая один и тот же грех, в зависимости от уровня нашей веры, наказание будет различным. Например, когда два верующих – новообращенный и человек с достаточной мерой веры – нарушают заповедь Субботы, Дня Господня, тяжесть их греха различна.

Когда муж, исполненный веры, осуждает других и сплетничает, его проступок совершенно отличается от того, как если бы этим занимался новообращенный, еще не знающий истины. Мужи веры, несомненно, знают, что осуждать и сплетничать – это великий грех, ведь в такой ситуации он сам возводит себя в ранг судьи. Упорствующих в этом грехе сатана будет обвинять с еще большим напором.

Так как в духовном мире имеются разные глубины, то, в зависимости от уровня, на котором находится человек, меняются и методы сатаны. Однако новообращенные не знают о таких тайнах духовного мира. Поэтому Господь и говорит, что они «не знают ... глубин сатанинских».

Причина, по которой Фиатирская церковь не желает каяться

Члены церкви Фиатиры находились на низшем уровне веры. Они недопонимали глубины сатанинских происков и еще не прозрели духовно. Они услышали Слово, но не смогли его усвоить. У них не хватало сил следовать Ему. Поэтому они по-прежнему любили мир, хотя на словах заявляли о своей любви к Богу. Они не отреклись от себя прежних и шли на компромисс с темными силами.

Если сравнить со стадиями физического взросления человека, то они были подобны младенцам, питающимся молоком или кашей. Поэтому-то Господь говорит Фиатирской церкви: *«Не наложу на вас иного бремени»* (ст. 24) и *«Только то, что имеете, держите, пока приду»* (ст. 25).

Господь не просит их подняться на высший духовный уровень, уровень освящения и обретения силы. Он велит им держать то, что они уже имеют, сохранить нынешний уровень веры, чтобы обрести спасение (1-е посл. к Коринфянам, 3:1-2).

Но мы не должны превратно понимать это - как призыв сохранить теперешний уровень. Если лениться и думать, что «все в порядке, я немного отдохну», то это будет равносильно тому, что перестать грести, находясь в лодке, плывущей по быстрой реке.

Особенно сегодня, когда близятся последние времена, лень, довольствие уровнем веры, который уже имеем, могут привести к движению вспять.

Божье обетование Фиатирской церкви

Господь поделился советом с членами Фиатирской церкви, чья вера была подобна вере малых детей. Он также дал им обетование, сказав: *«Кто побеждает и соблюдает дела Мои до конца, тому дам власть над язычниками»* (ст. 26).

Во-первых, под словами «кто побеждает» подразумеваются те, кто побеждают неправду, зло, тьму соблюдением Слова Божьего.

Далее, «дела Мои» – это дела Господа. Соблюдение Его дел значит послушание Слову Божьему, как это делал Иисус, и преумножение Царства Божьего через спасение душ.

Господь говорит: «Тому дам власть над язычниками». Это означает, что Господь дает власть над врагом, дьяволом и сатаной, который правит народами на этой земле.

После того как Бог сотворил небеса и землю и первочеловека Адама, Он дал Адаму власть над всем, что в мире (Бытие, 1:28). Но Адам поддался на искушение сатаны и ослушался Бога, в результате чего его власть была передана врагу сатане.

Конечно, сатана наделен этой властью лишь временно, то есть до завершения возделывания человечества. Она не касается тех из нас, кто уверовал в Господа и стал Божьим чадом.

Но Иисус сошел на эту землю. Он был распят на кресте и пролил Свою кровь. Когда Он воскрес на третий день после Своего погребения, Он разрушил власть смерти. Он спас нас от власти дьявола. Принимающие Иисуса Христа в качестве Спасителя получают право быть детьми Божьими, и поэтому дьявол не имеет на них право (От Иоанна, 1:12).

Став детьми Божьими, они более не дружат с тьмой, которую контролирует враг дьявол, но живут по Слову Божьему в истине, которая принадлежит Свету. Это и значит «побеждать и соблюдать дела Господни».

Но дьявол всеми возможными способами пытается воспрепятствовать нашей жизни в истине, чтобы опять вернуть нас в мир. Дьявол вселяет в нас сомнение, чтобы лишить нас веры. Из-за этого мы любим мир больше, чем Бога. Это всяческим образом препятствует нам.

Однако, изгнав дьявола и начав жить по Слову, мы обретаем способность побеждать дьявола.

И чем больше мы живем по Слову, тем больше силы и власти нам будет даровано свыше. Тогда мы с легкостью сможем противостоять врагу, дьяволу и сатане, - князю мира сего. Если мы полностью живем по Слову и достигаем освящения, то лукавый не сможет прикоснуться к нам (1-е посл. Иоанна, 5:18).

За что Бог будет судить нас

Потерпевшие поражение в битве против правителя тьмы останутся под властью дьявола. В особенности это касается Николаитов, последователей учения Валаама и Иезавели, которые становятся рабами врага сатаны. Они предстанут пред Страшным судом. Так говорит Господь в Откровении, 2:27.

Господь говорит в этом стихе: *«И будет пасти их жезлом железным; как сосуды глиняные, они сокрушатся, как и Я получил [власть] от Отца Моего».*

Здесь, «жезл железный» – это железный посох. Если

ударить им по глиняному сосуду, то он разобьется на множество осколков. Поэтому фраза «и будет пасти их жезлом железным; как сосуды глиняные, они сокрушатся» обозначает власть Бога, являющегося Судьей.

Изначально первый человек, сотворенный Богом, был живым духом. Он был благородным существом, духовным созданием, сотворенным по образу Божьему. Но его дух умер из-за греха, и человек превратился в раба плоти, подвластного душе. Он сделался не более чем глиняным сосудом. Поэтому «глиняные сосуды», которые «сокрушатся», - это те, кто не живет по Слову Божьему. Они принадлежат сатане и будут, в конечном счете, покинуты.

Как написано в Евангелии от Иоанна (12:48): *«Отвергающий Меня и не принимающий слов Моих имеет судью себе: слово, которое Я говорил, оно будет судить его в последний день»*. Те, кто не получили спасения, в соответствии со Словом Божьим будут осуждены в Последний день.

Но те, кто вложили Слово Божье в сердце свое, побеждали тьму и соблюдали дела Господа, получат власть Света, уничтожающую власть врага дьявола. Так говорит Господь: *«Я получил [власть] от Отца Моего»*, потому и мы получим эту власть.

Господь также говорит им: *«И дам ему звезду утреннюю»*. Утренняя звезда сияет ярче всех остальных и олицетворяет Господа. В Откровении, 22:16, Господь говорит: *«Я, Иисус, послал Ангела Моего засвидетельствовать вам сие в церквах. Я есмь корень и потомок Давида, звезда светлая и утренняя».*

Поэтому «дать ему звезду утреннюю» – значит, что Бог, любящий и признающий Господа Иисуса, признает детьми своими и полюбит тех, кто жил по Слову и побеждал сатану.

Веруя в Господа, искореняя в себе всякое зло, усердно живя по Слову Господнему, мы уподобляемся Господу и становимся людьми духа. Тогда мы достигаем святости и совершенства, как Иисус Христос, Сын Божий, и получаем признание в качестве детей Божьих.

Но сколько бы раз мы ни говорили, что веруем в Господа, если мы не живем по Слову Божьему и уступаем дьяволу, звезда утренняя не будет нам дарована. Мы не будем признаны детьми Божьими и не сможем спастись.

Бог Любви желает, чтобы все получили спасение

Бог по справедливости воздает нам по нашим делам. Но если мы следуем лжеучению, не зная, что это козни сатаны, Бог не будет обременять нас наказанием, если мы осознаем это, покаемся и отвратимся от греха.

Но если мы сознательно следовали за сатаной, то кары не избежать, даже если мы до конца раскаемся в грехе и отрешимся от него. Не правда, что проблемы грехов полностью решаются одним лишь принятием Господа. Расплата будет адекватной нашим прошлым делам. Конечно, есть и любовь Божья, которая совершенствует нас и дает нам все лучшее.

Тем не менее, мы должны продолжать наше стремительное движение в вере до пришествия Господа, чтобы не упустить шанс спасения. Бог учит нас истине, чтобы спасти хотя бы еще одного человека. Он искренне показывает путь правды тем, кто идет неверной дорогой.

В особенности это касается людей, которые веруют в Бога, но были введены в заблуждение сатаной и встали на путь смерти. Он искренне желает открыть им врата спасения.

Родившись на свет, младенец будет постепенно расти. То же и в вере: нам необходимо возрастать в духе. Духовный рост – это отнюдь не только наши видимые поступки, которые мы совершаем. Он также заключается в искоренении всякого зла в себе и достижении освящения.

Хотя мы храним верность и, казалось бы, изо всех сил трудимся, если мы не обрезаем свое сердце, то наша жизнь не является подлинно христианской. Взросление ребенка – процесс не только физический, но и умственный. Точно так же и в христианской жизни: наша вера должна развиваться в двух направлениях – действовать и возрастать духовно.

Церковь Фиатиры не становилась более зрелой. Она оставалась на уровне младенческой веры. Ее верующие не заслужили обетования наград в Небесном Царстве. Они удостоились только обетования спасения.

Послание к Ефесянам, 4:13, гласит: *«Доколе все придем в единство веры и познания Сына Божия, в мужа совершенного, в меру полного возраста Христова»*. Мы должны постоянно расти в вере, становясь церквями и верующими, которые способны угодить Богу.

Глава 5

Церковь Сардиса
- «Ты носишь имя, будто жив, но ты мертв»

Сардийская церковь получила упрек от Господа, Который сказал: «Ты носишь имя, будто жив, но ты мертв».

Они исповедовали свою веру в Бога и Господа, но эта вера была мертвой, поскольку не сопровождалась делами веры. Тем не менее, некоторые члены церкви действительно старались хранить веру.

Сегодня обращение к Сардийской церкви звучит как призыв к тем церквям, которым необходимо изменить мертвую веру на ту, что сопровождается делами веры. Это также сказано и в адрес тех, кто старается исполнять Слово Божье.

Откровение, 3:1-6

«И Ангелу Сардийской церкви напиши: так говорит Имеющий семь духов Божиих и семь звезд: знаю твои дела; ты носишь имя, будто жив, но ты мертв. Бодрствуй и утверждай прочее близкое к смерти; ибо Я не нахожу, чтобы дела твои были совершенны пред Богом Моим. Вспомни, что ты принял и слышал, и храни и покайся. Если же не будешь бодрствовать, то Я найду на тебя, как тать, и ты не узнаешь, в который час найду на тебя. Впрочем, у тебя в Сардисе есть несколько человек, которые не осквернили одежд своих, и будут ходить со Мною в белых [одеждах], ибо они достойны. Побеждающий облечется в белые одежды; и не изглажу имени его из книги жизни, и исповедаю имя его пред Отцем Моим и пред Ангелами Его. Имеющий ухо да слышит, что Дух говорит церквам».

Послание Господа Сардийской церкви

«И Ангелу Сардийской церкви напиши: так говорит Имеющий семь духов Божиих и семь звезд: знаю твои дела; ты носишь имя, будто жив, но ты мертв» (Откровение, 3:1).

Город Сардис был богатым городом, преуспевавшим за счет красильного ремесленничества. В городе процветали распущенность, расточительство, к тому же он был центром идолопоклонства. В таком окружении Сардийская церковь не имела совершенной веры.

Господь, Имеющий Семь духов Божьих

О Господе, пишущем Сардийской церкви, сказано:

«Имеющий семь духов Божиих и семь звезд».

«Семь духов» это сердце Бога, поскольку Он есть сам Дух. Сердце Бога присутствует в Библии. Оно очень подробно, в деталях, объясняет нам, как угодить Богу и как получать ответы от Бога. Именно эти семь духов показывают сердце Бога и условия для получения ответов от Него.

Число «семь», здесь, не значит, что таково количество Духов Божьих. Духовно, «семь» означает «полный и совершенный». В Евангелии от Иоанна, 4:24, сказано: *«Бог есть дух»*. Бог сам и есть Дух. Так представлен совершенный Дух Божий. Бог всегда наблюдает и управляет каждой человеческой жизнью по всей земле, для чего Он посылает семь духов, которые и есть суть сердце Божье (Откровение, 5:6).

Семь духов исследуют сердце и поведение каждого человека. Затем Бог по справедливости дает ответы и благословения людям, угодным сердцу Бога. Чтобы легче было понять, можно представить себе семь духов в виде весов, на которых Бог взвешивает сущность, измеряя ее для того, чтобы дать соответствующие ответы. Когда мы покупаем какие-то продукты, их взвешивают на весах, и мы платим в зависимости от веса. Так же и мы должны соответствовать условиям получения ответов по параметрам семи духов, если мы хотим получить эти ответы.

Каковы же параметры семи духов, от которых зависит решение: получим мы ответ или нет? Семь духов абсолютно точно и безошибочно измеряют наше сердце, разум и поведение и распределяют их на категории по семи направлениям.

Семь Духов и Семь Звезд

Во-первых, семь духов измеряют веру.

Но измеряют не плотскую веру, которая есть простое знание, а духовную веру, сопровождаемую делами. Духовная вера – это истинная вера, в которой нет места сомнениям, даже если в чем-то она не согласуется с нашими мыслями или знаниями. Духовная вера дается от Бога. Это вера, вселяющая уверенность в то, что что-то может быть сотворено из ничего. Эту веру мы получаем по мере того, как избавляемся от зла в своем сердце, и становимся освященными.

Во-вторых, семь духов измеряют молитву.

Это измерение того, сколь много мы молимся угодным сердцу Бога образом и по воле Его. Чтобы быть угодным Божьей воле, мы должны регулярно молиться, коленопреклонившись пред Богом, взывая всем сердцем, разумом и всею крепостью. И еще, Бог не ожидает от нас особого внешнего вида и позы, не смотрит на то, как мы выглядим, но исследует наше сердце изнутри. Поэтому мы должны молиться всем сердцем. И не должны просить чего-то по своим собственным желаниям, но должны молиться с верой и любовью, следуя воле Божьей.

Третье измерение семи духов - это «радость».

Наличие радости доказывает, что у нас есть вера. Поскольку, мы имеем непоколебимую веру в Бога и уверены, что получим ответ, то можем радоваться в любой ситуации. Потому что мир с Богом приносит духовную радость. Если мы не строим стену греха против Бога, а имеем мир с Богом, радость не покинет нашего сердца.

В-четвертых, семь духов измеряют благодарность.

Имея веру, мы будем благодарить, оказавшись в любых условиях и при любых обстоятельствах. Если мы благодарны, только когда все идет хорошо, но начинаем обижаться и жаловаться, когда у нас трудности и дела идут не так хорошо, то можем и не соответствовать параметру благодарности семи духов. И наш ответ тогда будет отложен.

В-пятых, семь духов оценивают, исполняем ли мы Заповеди.

В Библии много заповедей, которые говорят нам делать одно, но не делать другого, что-то хранить, а от чего-то избавляться. Среди них - Десять Заповедей, обобщающих все повеления. Семь духов измеряют, исполняем ли мы Десять Заповедей. 1-е послание Иоанна, 5:3, говорит: *«Ибо это есть любовь к Богу, чтобы мы соблюдали заповеди Его; и заповеди Его не тяжки»*. Итак, свидетельство любви к Богу есть соблюдение Его Заповедей.

В-шестых, семь духов измеряют верность.

И не только верность Царству Небесному, но и преданность семье и работе во всем. Конечно, если у нас есть вера, главным приоритетом будет труд для Господа. Но мы не должны пренебрегать трудом дома или на рабочем месте. Мы должны быть верными во всем доме Божьем.

А самое важное в верности то, что мы должны быть духовно верными. Значит, нам нужно обрезать свое сердце. Также мы можем иметь совершенную и духовную верность, когда обретем сердце, подобное сердцу Божьему, и посвятим себя служению настолько, что будем способны на самопожертвование.

В-седьмых, семь духов измеряют любовь.

Любовь связывает все предыдущие шесть измеряемых аспектов воедино. Неважно, как много мы молимся и трудимся в Божьем служении: все будет бессмысленно, если только мы не делаем этого с истинной любовью к Богу, к братьям и сестрам по вере.

Семь духов измеряют веру, молитву, радость, благодарность, соблюдение Заповедей, верность и любовь, чтобы решить: может ли быть дан ответ. Но измерения не для всех одинаковы. Каждому будет отмерено по справедливости, учитывая его меру веры.

А именно для тех, кто имеет малую меру веры, стандарт при измерении будет ниже. Но для тех, кто был христианином значительное время и имеет большую меру веры, стандарт будет выше.

Имеющий семь духов Господь имеет также семь звезд. Здесь, «звезда» означает человека. В Бытии, 15:5, Бог разговаривает с Авраамом: *«И вывел его вон и сказал: посмотри на небо и сосчитай звезды, если ты можешь счесть их. И сказал ему: столько будет у тебя потомков».* Бог сравнил потомков Авраама со звездами.

Поэтому семь звезд говорят обо всех служителях Божьих, избранных Им как во времена Ветхого, так и Нового Заветов. Это служители Божьи, которых Он держит в Своих всесильных руках и использует для Своего Царства. Господь их устами доносит сердце и волю Бога Отца и являет дела Живого Бога, чтобы чада Божьи могли ходить путями истины.

Итак, Господь «имеющий семь духов и семь звезд» значит, что Он исследует все через семь духов и ведет чад Божьих на путь истины с помощью семи звезд.

Церкви, подобные Сардийской церкви

Сардийская церковь слышала и знала Слово Божье, но не претворяла его в жизнь. Они, соответственно, имели веру, которая называется «мертвой». Поэтому Господь укорял их, говоря: *«Ты носишь имя, будто жив, но ты мертв»* (ст. 1). Они думали, что спасены, но, с точки зрения Господа, об их спасении даже речи не могло быть.

На удивление много церквей и верующих существует сегодня, чья вера мертва, как у Сардийской церкви. Они считаются «верующими», но среди них трудно найти тех, кто соблюдает Субботу, День Господень, и отдает, как положено, полную десятину. А это самое элементарное из того, что надо делать и как поступать в христианской жизни

Но еще большего упрека заслуживает то, что не многие пасторы учат верующих отвергать греховное и жить по Слову Божьему. Пастыри, возглавляющие приход, в первую очередь сами обязаны иметь истинную веру, а уж потом свидетельствовать о Живом Боге данной им силой и властью. Но сегодня этого не происходит в реальности. Многие пасторы учат лишь теориям и идеологиям, которые сами познали. А это мало отличается от того, когда один слепой ведет другого слепого, как это замечено в Евангелии от Матфея, 15:14.

И здесь же, 23:26, Иисус говорит фарисеям, у которых Слово Божье было лишь на устах, но они не применяли его в жизни: *«Фарисей слепой! очисти прежде внутренность чаши и блюда, чтобы чиста была и внешность их»*. А в 23-й главе (стих 3-й) Он говорит Своим ученикам: *«Итак все, что они велят вам соблюдать, соблюдайте и делайте; по делам же их не поступайте, ибо они говорят, и не делают»*.

При таком пастыре не могут проявиться сила молитвы и удивительные дела Божьи. В такой церкви может даже угаснуть огонь Святого Духа, а души ее прихожан не очень будут отличаться от мертвых душ. Некоторые люди будут приходить в эту церковь, но, лишь называясь церковью, она будет далека от духовного пробуждения.

Евангелие от Матфея, 7:21, предупреждает: *«Не всякий, говорящий Мне: "Господи! Господи!", войдет в Царство Небесное, но исполняющий волю Отца Моего Небесного»*.

Предположим, кто-то трудился для Царства и

праведности Божьей и часть своей жизни на земле посвятил этому. Но представьте себе трагичность ситуации, когда Бог скажет им на Суде: «Я никогда не знал вас; отойдите от Меня, делающие беззаконие»!

Если кто-то выглядит верным христианином, добровольно трудится для Бога, но внутренне сердце его не меняется, то нельзя сказать, что он ведет христианскую жизнь.

Чтобы иметь живую веру, то есть истинную веру, прежде всего нужно обрезать свое сердце. Обрезание сердца – это отсечение крайней плоти, кожи сердца, как это записано в Книге пророка Иеремии (4:4): *«Обрежьте себя для Господа, и снимите крайнюю плоть с сердца вашего, мужи Иуды и жители Иерусалима, чтобы гнев Мой не открылся, как огонь, и не воспылал неугасимо по причине злых наклонностей ваших».*

Снять крайнюю плоть с сердца - значит, следуя Слову Божьему, отбросить неправедность, беззаконие и неправду, пребывать в истине и следовать определенным правилам. При этом отвергать то, что не велит делать Слово Божье.

Следовательно, истинная вера, признаваемая Богом, дается нам по мере того, как мы применяем в жизни Слово Божье и освящаемся. Поэтому, давайте применим к себе послание церкви в Сардисе, чтобы иметь истинно духовную, а не мертвую веру.

Укор Господа Сардийской церкви

«И Ангелу Сардийской церкви напиши: так говорит Имеющий семь духов Божиих и семь звезд: знаю твои дела; ты носишь имя, будто жив, но ты мертв. Бодрствуй и утверждай прочее близкое к смерти; ибо Я не нахожу, чтобы дела твои были совершенны пред Богом Моим. Вспомни, что ты принял и слышал, и храни и покайся. Если же не будешь бодрствовать, то Я найду на тебя, как тать, и ты не узнаешь, в который час найду на тебя» (Откровение, 3:1-3).

Ничего нельзя спрятать от Бога, Который измеряет семью духами и исследует все Своими пламенными очами. Как сказал Господь Сардийской церкви: «Знаю твои дела», так и Бог исследует не только наши поступки, но и мельчайшие порывы нашего сердца, даже сокрытые в глубине.

Срезанные цветы, составленные в букет, кажутся живыми, но на самом деле они мертвы, поскольку отсечены от корней. Подобно этому, вера членов церкви в Сардисе с виду могла выглядеть живой, но, по четким стандартам Господа, она оказалась мертвой.

Сардийская церковь носит имя живой, но она мертва

Итак, что же в действительности подразумевается под выражением: *«Ты носишь имя, будто жив, но ты мертв»* (ст. 1)? Если кратко, то вера Сардийской церкви - это «мертвая вера без дел».

С тех пор как Адам совершил грех, дух всех его потомков, как и его собственный дух, умер. Но дух оживает у тех, кто принял Господа как личного Спасителя и получил Святого Духа. Когда дух ожил, то, даже когда человек оказывается перед лицом физической смерти, Библия не говорит, что он «мертв», но что «спит» (От Матфея, 9:24), потому что такой человек воскреснет и обретет жизнь вечную, когда Господь, грядущий на облаке, придет вновь.

Но Сардийской церкви сказано, что они «мертвы», а это значит, что спасены они не будут. Хотя они и говорили, что имеют веру, но их вера была мертва, а с «мертвой верой» спасение им не могло быть дано.

Послание Иакова, 2:14, говорит: *«Что пользы, братия мои, если кто говорит, что он имеет веру, а дел не имеет? может ли эта вера спасти его?»*. А стих 17-й гласит: *«Так и вера, если не имеет дел, мертва сама по себе»*.

В Книге Екклесиаста, 12:14, сказано: *«Ибо всякое дело Бог приведет на суд, и все тайное, хорошо ли оно, или худо»*. А во 2-м послании к Коринфянам (5:10): *«Ибо всем нам должно явиться пред судилище Христово, чтобы каждому получить [соответственно тому], что он делал, живя в теле, - доброе или худое»*.

Поскольку верующие в Бога и Господа также верят, что будет Суд и судить их будут по добрым и злым поступкам, то они живут по Слову Божьему. Только неверующие живут иначе. Следует помнить, что знание о Боге и вера в Него – разные вещи.

Различие между знанием и верой

Послание Иакова, 2:19, говорит: *«Ты веруешь, что Бог един: хорошо делаешь; и бесы веруют, и трепещут»*. *Фраза «и бесы веруют, и трепещут»* означает, что даже бесам известно, Кто есть Бог и Кто есть Иисус Христос, и они трепещут перед этой властью.

Во многих главах Библии можно найти места, когда бесы, узнав Иисуса, начинают кричать. В Евангелии от Луки, 8:27-28, когда Иисуса встретил человек, одержимый бесами, он, вскрикнув, пал пред Ним и громким голосом сказал:

«Иисус, Сын Бога Всевышнего».

Но можно ли сказать, что бесы тоже веруют в Иисуса, только потому, что узнают Сына Божьего и признают Его как Спасителя? Вовсе нет! Бесы, хотя и признают Иисуса, но жить по Его слову они не будут, так же, как и добродетельными они не станут. Это не вера в Него, а знание о Нем, но «знание» не приносит спасения.

Подобно этому, сколь много бы мы ни знали о Библии, если не живем в соответствии с тем, что знаем, нельзя сказать, что мы истинно «веруем». Истинная вера сопровождается делами. Если знаем Слово, а дел не имеем, тем больший на нас грех в сравнении с теми, кто не живет по Слову, потому что не знает его (От Луки, 12:47-48).

Однако, число тех, кто не живет по Слову Божьему, сегодня продолжает расти. Бывает, некоторые производят впечатление, что они ведут жизнь верующих, но на самом деле их жизнь ничем не отличается от мирской.

Например, в воскресенье они ходят в церковь и поклоняются Богу. А в реальной жизни злятся на других, оскорбляют их, делают, что пожелают, точно как мирские люди. И их вера становится бесполезной, как сказано в Послании Иакова (2:20): *«Но хочешь ли знать, неосновательный человек, что вера без дел мертва?».*

Хотя я особо подчеркиваю дела веры, я не говорю, что только дела являются стандартом измерения веры. Под «делами веры» я подразумеваю дела, идущие из глубины сердца.

Если у кого-либо есть истинная вера, он обязательно будет взращивать в своем сердце Слово Божье. Дела должны исходить из такого, возрастающего в истине, сердца.

Истинные дела веры

Таким образом, важны, собственно, не дела. Важно сердце, вложенное в дела. Когда сердце возрастает в духе, за этим, естественно, следуют и соответствующие действия. У кого вера мертвая, без дел, тот даже не будет пытаться взращивать свое сердце в духе, а значит, не будет применять Слово на практике. И даже если что-то и будет делать, то это будет лишь видимость дел, что является лицемерием.

Они могут делать что-то напоказ, чтобы другие заметили. Притворяясь, они будут делать то, что внешне соответствует тому, что они знают и понимают. В Евангелии от Матфея, 6:1, Господь предупреждает: *«Смотрите, не творите милостыни вашей пред людьми с тем, чтобы они видели вас: иначе не будет вам награды от Отца вашего Небесного».*

Также в Книге пророка Исаии, 29:13, читаем: *«И сказал Господь: так как этот народ приближается ко Мне устами своими, и языком своим чтит Меня, сердце же его далеко отстоит от Меня, и благоговение их предо Мною есть изучение заповедей человеческих».* На словах они могут утверждать, что любят Бога. Их уста могут возносить хвалу. Но без любви и почитания все это бессмысленно.

Например, если вы истинно любите своих родителей, вы

всем сердцем постараетесь показать свое уважение. Пусть вы и не очень богаты, но всеми силами будете стараться услужить родителям своими искренними поступками.

И наоборот, есть вполне состоятельные дети, которые неохотно, как бы вынужденно, проявляют уважение. Они делают это из чувства долга или имея такие скрытые мотивы или цели, как желание получить в наследство родительские деньги. Это не является истинным проявлением почтения. Если родителям станут известны подобные намерения детей, их сердца будут разбиты.

А как же Бог, Который видит самые глубины человеческих сердец? Бог всегда изучает сердце человека наряду с его делами. Поэтому, когда мы говорим, что любим Бога и верим Ему, то должны вместе с делами, в которые мы вложили все сердце, показать свою любовь и веру.

Несовершенные дела Сардийской церкви

Укорив церковь, Господь сказал: *«Бодрствуй и утверждай прочее близкое к смерти»* (ст.2). Это значит, им нужно было осознать, что мертвая вера не может спасти их, и отныне им следует жить в истине.

Затем Он продолжил: *«Ибо Я не нахожу, чтобы дела твои были совершенны пред Богом Моим»* (ст.2). Это значит, что они попали под влияние мира и стали вести такую же жизнь, как и люди светские. Другими словами, им надлежало возродить истинные дела веры – полные и совершенные.

Что делать для этого, тоже объясняется: *«Вспомни, что ты принял и слышал, и храни и покайся»* (ст.3). В Послании к Филиппийцам, 4:9, Он говорит: *«Чему вы научились, что приняли и слышали и видели во мне, то исполняйте, – и Бог мира будет с вами»*. Как уже говорилось, если мы будем применять на практике то, чему научились, что слышали и видели, то Бог, дающий мир, всегда будет с нами. Но если мы этого не делаем, то должны поступить так, как сказал Господь: «Храни и покайся», то есть покаяться, сойти с неверного пути и впредь жить по Слову.

«Покаяться» - не значит просто сказать: «Прости, больше так делать не буду». Мы должны полностью отвернуться от наших прегрешений и встать на правильный путь. Если мы действительно покаялись, то будем неизменно жить по Слову.

Когда мы каемся, мы должны думать о том, как мы впервые встретили Бога. Нужно думать о том, как пришли к вере в Иисуса Христа и какое рвение имели, когда приняли Святого Духа. Мы должны думать о времени, когда пришла первая любовь. Получив величайшую благодать, мы были исполнены первой любви. Ценим ли мы нашу первую любовь, храним ли ее?

Многие люди не хранят своих первых чувств и дел и возвращаются в мир. Хотя и говорят, что веруют, но ведут жизнь, мало отличающуюся от мирской жизни остальных людей. Во всем этом нужно покаяться, вновь обрести первоначальные полноту и рвение, и жить по Слову Божьему.

Последствия для тех, кто не покается

Господь говорит: *«Если же не будешь бодрствовать, то Я найду на тебя, как тать, и ты не узнаешь, в который час найду на тебя»* (ст.3). Он говорит о последствиях, с которыми столкнутся те, кто не покается.

Если при Втором пришествии Господа окажется, что мы еще не очистились от грехов, будет слишком поздно. Тать, то есть вор, входит в места, не защищенные от краж. Точно так же и Второе пришествие Господа нагрянет, как тать, для тех, кто не готов принять Его.

1-е послание к Фессалоникийцам, 5:4-5, говорит: *«Но вы, братия, не во тьме, чтобы день застал вас, как тать. Ибо все вы – сыны света и сыны дня: мы – не [сыны] ночи, ни тьмы»*. Здесь сказано, что Господь не явится, как тать, к тем, кто живет в Свете, кто не во тьме.

Конечно, как Господь говорит в Евангелии от Матфея (24:36): *«О дне же том и часе никто не знает, ни Ангелы небесные, а только Отец Мой один»*, только Отец Бог знает о дне и часе, когда Господь вернется.

Но Библия говорит нам о приблизительном времени, когда Господь придет вновь. Это похоже на то, что никто не знает точного дня и часа, когда беременная женщина родит младенца, но можно угадать, что это будет приблизительно в таком-то месяце.

Господь уже сказал нам о знамениях конца времен в Евангелии от Матфея, глава 24-я. Нам нужно бодрствовать и быть начеку, чтобы с молитвами приготовиться ко Второму пришествию Господа (1-е посл. Петра, 4:7).

Слово Божье – стандарт меры веры

«[Как]возрожденные не от тленного семени, но от нетленного, от слова Божия, живого и пребывающего вовек» (1-е посл. Петра, 1:23).

Но не все ограничивается принятием нетленного семени, то есть Слова Божьего. Когда заботишься о семени слова, посаженном в своем сердце, чтобы принести обильные плоды, тогда только и можешь стать человеком, рожденным Свыше, достойным называться «живым».

Слушать Слово Божье и относиться к нему как к системе знаний - не значит быть истинно верующим. Когда же мы начнем придерживаться Слова, молиться о нем, претворять его в жизнь, оно даст побеги, вырастет и принесет плодов во сто, в шестьдесят или в тридцать крат больше.

Мертвая вера может быть даже у того, кто занимает высокое положение в церкви, производит впечатление, что имеет веру. Внешне Иуда Искариот занимал достойное место ученика Господа, но пренебрег полученной им ранее благодатью и в конце концов нашел свою смерть, совершив ужасный грех, продав Иисуса.

Так же и царь Саул, которого однажды Бог признал, помазал на царствование в Израиле. Но тот возгордился настолько, что стал противиться воле Божьей, и тоже пошел по пути, ведущему к погибели.

Поэтому стандарт веры – это не внешний вид и не занимаемая должность. Слово Божье – единственный стандарт. Если кто-то учит или делает нечто, нарушающее Слово Божье, то, будь он хоть лидером церкви или даже пастором, мы не должны его слушать. Важно не то, находится ли он в положении учителя, а то, живет ли он согласно Слову.

«Итак, кто нарушит одну из заповедей сих малейших и научит так людей, тот малейшим наречется в Царстве Небесном; а кто сотворит и научит, тот великим наречется в Царстве Небесном». Слово такого человека будет также иметь власть, способную менять людей на этой земле.

Совет Господа и обетование, данное нескольким верующим в Сардисе

«Впрочем у тебя в Сардисе есть несколько человек, которые не осквернили одежд своих, и будут ходить со Мною в белых [одеждах], ибо они достойны. Побеждающий облечется в белые одежды; и не изглажу имени его из книги жизни, и исповедаю имя его пред Отцем Моим и пред Ангелами Его. Имеющий ухо да слышит, что Дух говорит церквам» (Откровение, 3:4-6).

В Сардийской церкви говорили, что верят в Бога, но они не жили по Слову. Затем они услышали суровый упрек, что носят имя, будто живы, но мертвы. Но Господь сказал, что там было несколько достойных людей, которые не осквернили своих одежд.

Поскольку Господь сказал «несколько», Его слово

касалось лишь малого числа членов Сардийской церкви, но не было похвалой всей церкви.

Некоторые, которые не осквернили одежд своих

Здесь, слово «одежды» символизирует сердце человека. Соответственно, «не осквернили одежд своих» значит «не допустили, чтобы их сердце стало нечистым». Другими словами, они жили по Слову с верой в истину, и их сердца были не запятнаны мирским грехом и злом.

Это также означает борьбу с грехом, вплоть до пролития крови, за очищение сердца, запятнанного до познания истины. И еще, это значит не запятнать опять уже однажды очищенного от неправды и греха сердца. Итак, это сказано о тех, кто пытается бодрствовать, молиться и хранить истинную веру.

Церковь Сардиса была в ситуации, когда один слепой ведет другого и вот-вот оба упадут в яму. Тем не менее, в ней было несколько членов, которые прислушивались к своей доброй совести и пытались исполнить то, чего желал Бог. Господь говорит о таких людях: *«Будут ходить со Мною в белых [одеждах], ибо они достойны»* (ст.4).

Конечно, сказанное «достойны» не означает, что они достигли полного освящения. Во всей Сардийской церкви было несколько членов, которые молились и пытались сохранить истинную веру, и они в глазах Господа были достойными людьми.

Большинство членов Сардийской церкви имели мертвую веру. Но было несколько хранивших свою веру, которые жили по Слову; их-то и признал Господь достойными. Итак, мы видим, что они имели настоящую веру, которую нелегко было хранить в городе Сардисе, особенно находясь в общине, дружившей с миром и запятнанной грехами. И все же, они сохранили свою веру, и это было истинно великим благословением.

Возьмем пример, когда некоторых преследуют в семье за то, что они христиане. В какой-то момент жизнь им может показаться тяжелой, но, благодаря гонениям, наступит пробуждение, и они будут еще больше молиться. Они также научатся долготерпению. Горячо молясь о членах своей семьи, они испытают рост духовной любви к ним. Обретя духовную любовь, они будут благодарны Богу при любых обстоятельствах, а членов семьи станут ценить, как драгоценные души, доверенные им Богом.

Поскольку те, кого преследовали, страдали во имя Господа, то награда, которая ожидает их на Небесах, преумножится. Вера, сохраненная в таких тяжелых условиях, только окрепнет. Бог шлифует каждого по-своему, в зависимости от того, насколько несовершенным сосудом он является и насколько несовершенно его сердце. Шлифуя, Бог ведет нас к тому, чтобы восполнить недостающее, чтобы наша душа обогащалась.

Должно быть, те несколько членов Сардийской церкви

значительно более пылко, чем другие, молились, чтобы сохранить свою веру. В результате, Господь признал их достойными.

Несколько верующих ходят с Господом в белых одеждах

Те несколько членов Сардийской церкви, которые были признаны Господом достойными, получили благословение «ходить с Господом в белых одеждах».

Но здесь нужно понимать, что «быть с Господом» отличается от понятия «ходить с Господом». Неважно, какая небесная обитель ожидает нас, в любом случае мы сможем быть с Господом, поскольку Господь может прийти в любое место на Небесах. Даже если мы в Раю, Господь придет к нам и проведет с нами какое-то время. Но, поскольку пребывающие в Раю получили позорное спасение, они слишком смущаются встречаться с Господом лицом к лицу или ходить с Ним.

Но ходить с Господом значит больше, чем быть с Ним. Только пребывающие в Третьем Царстве Небесном, а еще конкретнее – в Новом Иерусалиме, могут ходить с Господом в истинном смысле.

Ходить с Господом - значит быть с Господом в любое время и в любом месте, и, для того чтобы ходить с Ним в Небесном Царстве, мы должны отвечать определенным требованиям. Господь, вне сомнений, пребывает с теми чадами Божьими, которые живут в истине. Но ходить Он будет с любящими Бога в высшей степени, отбросившими всякого рода зло и освященными. Если Господь ходит с кем-то, то Его поручительство, власть и сила будут видны в этом человеке как явное свидетельство.

Значение белых одежд

Господь дал совет и обещание нескольким верующим в Сардийской церкви и сказал: *«Побеждающий облечется в белые одежды»* (ст.5).

Здесь, слово «побеждающий» относится к тем, кто «хранит веру и живет в истине». «Белые одежды» означают одеяние, в которое облачаются все спасенные души: это символ спасения. Даже те, кто не будут восхищены во Второе пришествие Господа, а получат спасение, пройдя Семь лет Великой Скорби, впоследствии тоже будут облачены в белые одежды.

Здесь, белые одежды - не просто символ спасения. В данном случае, это белые одежды, вручаемые человеку в соответствии с достигнутым им уровнем освящения. Чем выше уровень освящения, достигнутый человеком, тем ярче белые одежды, в которые он облачится. Таким образом, одного взгляда на одежды в Небесном Царстве будет достаточно, чтобы определить, сколь свято было сердце человека на этой земле.

По украшениям на белых одеждах можно будет также

определить, сколько небесных наград скопил человек на земле. Это так, потому что Бог воздает по по делам, дарит прекрасные украшения в соответствии с поступками, совершенными человеком на земле.

Благословение, когда имя не изглажено из Книги Жизни

Господь сказал, что, кроме того что облечет в белые одежды, Он также не изгладит имени побеждающего из Книги жизни (ст.5).

Даже если кажется, что человек дышит, это еще не значит, что он истинно жив. У человека может быть истинная жизнь, только когда его умерший из-за грехопадения Адама дух ожил. Дух мертв у тех, кто не принял Господа и живет во тьме. Когда они умирают, то идут в ад, их ждет вечная смерть.

Но когда человек принимает Господа Иисуса Христа и получает Святого Духа, его мертвый дух оживает, и человек обретает жизнь вечную. Имя такого человека записывается в Книгу жизни на Небесах. Поэтому Откровение, 20:15, говорит: *«И кто не был записан в книге жизни, тот был брошен в озеро огненное»*. Только те, чьи имена записаны в Книге жизни, могут быть спасенными.

Однако факт того, что в настоящее время наши имена записаны в Книге жизни, еще не гарантирует нашего спасения. Мы сможем достичь спасения только в том случае, если наше имя окажется записанным в Книге жизни, когда

Бог Судия откроет ее на Суде Великого Белого Престола. Он говорит: «Не изглажу имени его из книги жизни». Если подумать от обратного, то значит, что имя, записанное в Книге жизни, может быть изглажено из нее.

Сегодня многие верующие думают, что имя записано в Книге жизни навсегда и они попадут на Небеса, даже если будут жить как захочется. Но факты говорят об обратном. С момента, когда наше имя записывается в Книгу жизни, мы только вступаем на путь, чтобы заслужить жизнь вечную. Но если мы сошли с этого пути, ведущего к вечной жизни на Небесах, Святой Дух может угаснуть (1-е посл. к Фессалоникийцам, 5:19), и наше имя будет изглажено из Книги жизни (Исход, 32:33).

1-е послание к Коринфянам, 15:2, также говорит: *«...которым и спасаетесь, если преподанное удерживаете так, как я благовествовал вам, если только не тщетно уверовали»*. «Тщетное уверование» означает «плотскую веру». Это мертвая вера, без дел истины. Даже если мы долгое время посещали церковь и имеем углубленное знание Библии, вера наша - «мертвая вера», если мы не живем по Слову Божьему, а живем так же, как и все мирские люди.

Библия также упоминает, что, если мы совершаем очевидные дела плоти, включая прелюбодеяние, блуд, нечистоту, непотребство и идолослужение, то Царствия Небесного не наследуем (Посл. к Галатам, 5:19-21).

Библия также говорит нам о «грехах, ведущих к смерти».

Эти грехи - «хула на Духа Святого», «если же кто скажет

на Духа Святого» (От Матфея, 12:31-32), «когда они снова распинают в себе Сына Божия и ругаются Ему» (Посл. к Евреям, 6:6) и «получив познание истины, произвольно грешим» (Посл. к Евреям, 10:26).

В Библии написано, как можно получить спасение. Но в то же время, детально разъясняется и то, что ведет к смерти. Вопрос спасения не решается в одно мгновение. Нужно осознать, что это процесс, который будет длиться вплоть до Второго пришествия Господа.

Даже если мы обрели спасение, мы сами же можем его потерять. И наоборот, в определенный момент, не имея спасения, мы также можем его получить.

Благословение исповедания наших имен пред Богом и Ангелами Его

Несколько членов Сардийской церкви получили обетование от Господа, гласящее: *«Исповедаю имя его пред Отцем Моим и пред Ангелами Его»* (ст.5). На Суде Великого Белого Престола, перед Богом Судией, мы должны получить признание от Господа, гласящее: «Сей есть дитя Божье».

И такое признание Господа должно быть также удостоверено и ангелами. Есть ангелы, которые исследуют наши дела и сердца, и даже рассуждения, и докладывают о них, и записывают их (От Матфея, 18:10). Они также приносят наши молитвы на золотой алтарь (Откровение, 8:3-4).

Конечно, есть ангелы, посланные Богом, чтобы защищать Его детей. Но есть также и ангелы, проверяющие каждого человека. Доклады таких ангелов будут использованы как доказательства или улики на Суде Великого Белого Престола.

Сами ангелы могут не выступать свидетелями и признавать нас в Судный день. Но, на основании точных данных ангельских докладов, мы должны быть признаны людьми, которые прожили жизнь, достойную чад Божьих. Поскольку ангелы наблюдают за нами тщательнейшим образом, их признания обязательны.

Господь желает, чтобы Сардийская церковь изменилась

В заключение Своего слова Господь говорит: «Имеющий ухо да слышит, что Дух говорит церквам» - именно так, как Он сказал другим церквям (ст.6). Господь от всего Своего искреннего и пылкого сердца желает обратиться к Сардийской церкви еще раз, чтобы они осознали услышанное и изменились.

Вера церкви в Сардисе была мертвой. Если бы они не покаялись и не обратились, то не получили бы спасения. Но поскольку они слышали и учились истине, они владели ею, хотя и на уровне знаний. Теперь для них настало время изменить свою веру-знание на живую веру, сопровождаемую делами.

К тому же, если бы они и имели веру, нужную для спасения, им надлежало устоять и все претерпеть до часа, когда Господь придет вновь. Только тогда они могли бы облечься в белые одежды, символ спасения, и получить славу и награду на Небесах, соответствующие их делам на этой земле.

Но многие церкви сегодня не осознают этого факта, не пробуждаются от духовного сна: вера их мертва. Но что еще хуже, у них нет пастыря, который бы учил их истине. Они как слепые, следующие за слепым поводырем.

Бог желает, чтобы имеющие ухо слушали Его слово и обрели спасение. Он также хочет, чтобы истинно любящие Отца Бога искали Господа и жаждали следовать истине. Он желает, чтобы они имели настоящего поводыря для достижения лучших обителей на Небесах.

Поэтому нам нужно осознать, какое это благословение иметь истинную веру и стать совершенной, непорочной Невестой Господа, чтобы быть достойными ходить с Господом на Небесах вечно.

Глава 6

Церковь Филадельфии

- Лишь похвала, полученная за действие с верой

Филадельфийская церковь была единственной среди семи церквей, получившей только похвалу. Хотя они и имели не много силы, но не запятнали себя ничем мирским и сохранили веру. Поэтому они получили ключ Давида, которым открываются врата благословений. Они получили свидетельства Божьей любви и благословение обетования, что станут столпом Нового Иерусалима.

Слово, данное Филадельфийской церкви, – слово к церквям и членам церквей, которые прилагают усилия, чтобы хранить Слово Божье, и верой являют знамения, чудеса и дела силы Божьей.

Откровение, 3:7-13

«И Ангелу Филадельфийской церкви напиши: так говорит Святый, Истинный, имеющий ключ Давидов, Который отворяет – и никто не затворит, затворяет – и никто не отворит:
знаю твои дела; вот, Я отворил перед тобою дверь, и никто не может затворить ее; ты не много имеешь силы, и сохранил слово Мое, и не отрекся имени Моего. Вот, Я сделаю, что из сатанинского сборища, из тех, которые говорят о себе, что они Иудеи, но не суть таковы, а лгут, – вот, Я сделаю то, что они придут и поклонятся пред ногами твоими, и познают, что Я возлюбил тебя. И как ты сохранил слово терпения Моего, то и Я сохраню тебя от годины искушения, которая придет на всю вселенную, чтобы испытать живущих на земле.
Се, гряду скоро; держи, что имеешь, дабы кто не восхитил венца твоего. Побеждающего сделаю столпом в храме Бога Моего, и он уже не выйдет вон; и напишу на нем имя Бога Моего и имя града Бога Моего, нового Иерусалима, нисходящего с неба от Бога Моего, и имя Мое новое. Имеющий ухо да слышит, что Дух говорит церквам».

Письмо Господа Филадельфийской церкви

«И Ангелу Филадельфийской церкви напиши: так говорит Святый, Истинный, имеющий ключ Давидов, Который отворяет – и никто не затворит, затворяет – и никто не отворит» (Откровение, 3:7).

Во времена, когда апостолы трудились в Филадельфии, это был маленький городок с населением, приблизительно, в 1.000 жителей. Там часто происходили землетрясения. Большую часть населения составляли крестьяне, которые наслаждались вином и танцами, поклоняясь Дионисию – богу вина в греческой мифологии. Город Филадельфия был также воротами на пути, соединяющем Сардис, Пергам, Трою и Рим.

Филадельфийская церковь - единственная из семи церквей, получившая только похвалу от Господа. Это хороший пример для многих церквей сегодня.

Господь Свят и Истинен

Говорящий к Филадельфийской церкви Господь – «Святый и Истинный». Здесь, «Святый» означает, что Он превыше всякого человека и не запятнан грехом. Он воздает славу только Богу, поскольку живет исключительно Словом Божьим, без пятна и порока.

Изначально понятие «святой» не могло быть использовано в приложении ни к одному человеческому существу. Только Бог свят и истинен. Но если человек возрождает в себе Божий образ, утерянный из-за совершенных грехов, уподобляется Богу и достигает святости Божьей, тогда его можно охарактеризовать словом «святой». Основание для этого дается в 1-м послании Петра, 1:16.

В Евангелии от Иоанна, 10:34-36, Иисус говорит: *«Не написано ли в законе вашем: “Я сказал: вы боги”? Если Он назвал богами тех, к которым было слово Божие, и не может нарушиться Писание, – Тому ли, Которого Отец освятил и послал в мир, вы говорите: “богохульствуешь”, потому что Я сказал: “Я Сын Божий”?».*

Здесь, «те, к которым было слово Божие» означает хранящих слово истины и живущих по Слову. Это значит, что Бог рассматривает их как богов.

Это не значит, что они действительно стоят на одном уровне с Богом, раз Он считает их богами. Это значит, что Бог полностью признает их Своими детьми. Он считает их людьми духовными, мужами истины.

Поэтому наш Господь Иисус говорит в Евангелии от Матфея (5:48): *«Итак будьте совершенны, как совершен Отец ваш Небесный»*. И в Евангелии от Иоанна, 17:17-19, Он также говорит: *«Освяти их истиною Твоею: слово Твое есть истина. Как Ты послал Меня в мир, [так] и Я послал их в мир. И за них Я посвящаю Себя, чтобы и они были освящены истиною»*. Как сказано, это есть воля Божия, чтобы мы стали святы, как Он Свят.

Далее, «истинный» значит «без лжи и неправды». То есть истинный - это тот, кто не меняется, колеблясь то вправо, то влево, не лжет, не обманывает, не нарушает обещаний, не хитрит, не изменяет. «Быть истинным» очень важно, потому что тогда нам может быть дана вера; Слово Божье может жить и действовать в нас, и мы на своем опыте познаем силу Божью. Это так, потому что само Слово Божье есть истина.

С другой стороны, если мы имеем сомнения, то можем искушаться неправдой и никогда не поймем истинного сердца (1-е посл. к Коринфянам, 2:13). Теперь, что означают слова о том, что Господь имеет ключ Давидов?

Господь имеет ключ Давидов

Давид был вторым царем Израиля. С юных лет он боялся и любил Бога. Израиль весьма процветал во время правления Давида. Он расширил свою территорию, имел огромные богатства, соседние страны даже платили дань Израилю. Бог очень любил Давида и благоволил ему, любил его и народ Израиля.

Чтобы открыть дверь хранилища несметных сокровищ, нужен ключ. Только тот, у кого есть ключ от хранилища, может открыть его и обладать всеми находящимися там богатствами. Бог дал Давиду ключ, которым можно открыть любую дверь и получить всевозможные благословения, потому что Давид был мужем по сердцу Бога.

Однако Давиду пришлось пройти суровые испытания, прежде чем он стал соответствовать требованиям для получения ключа. Чтобы скрыть факт, что он вступил в близость с женой своего подданного Урии и она забеременела, Давид толкнул Урию на смерть. Это было началом его испытаний. Это был смертельный грех, но Давид совершил сей грех не потому, что он был очень злым человеком.

Вовсе нет, потому что Давид любил Бога более, чем кого-либо еще. Но так как в его натуре глубоко укоренилось зло, оно и вылилось в большой грех.

Поскольку Бог знал, что зло сокрыто в природе Давида, Он допустил испытания ради того, чтобы тот смог найти свое истинное «я» и прийти к полному освящению.

Даже во время суровых испытаний Давид все предавал в руки Божьи. Царю Давиду пришлось спешно бежать от своего взбунтовавшегося сына Авессалома. Потом Семей, простой человек, проклял его словами: *«Уходи, уходи, убийца и беззаконник!»* (2-я кн. Царств, 16:7). И все же Давид не наказал его. Напротив, он смирился настолько, что вызвал сострадание Божье. Давид очень изменился по сравнению с тем, каким он был, когда, используя царскую власть, стал причиной смерти невинного Урии.

Подобным образом, через испытания, он смог еще более измениться и стать мужем по сердцу Бога. Когда Бог отшлифовал его как сосуд, годный для получения благословений, Бог дал Давиду ключ, открывающий дверь к этим благословениям. И сверх всего, он получил величайшее из благословений - через его род пришел Иисус, чтобы открыть путь спасения.

Этот ключ Давидов дается не только отдельным, избранным людям. Без всякой предвзятости он дается каждому, кто любит Бога, уподобился Господу, кто стал свят и истинен. Когда мы начинаем соответствовать Божьим требованиям, то перед нами открывается дверь к таким благословениям, как здоровье, изобилие, почет и власть, и многим другим. И, наконец, нам будет дано величайшее из благословений - ключ от дверей Нового Иерусалима.

Сказано о Господе, имеющем ключ ко всем благословениям: *«Который отворяет – и никто не затворит, затворяет – и никто не отворит»* (ст.8).

И это так, потому что дверь спасения может быть открыта только во имя Господа Иисуса Христа, и когда эта дверь открыта – никто не может ее затворить, как сказано в Деяниях (4:12): *«Ибо нет другого имени под небом, данного человекам, которым надлежало бы нам спастись»*.

Даже враг, дьявол и сатана, не может затворить ее! Господь отворяет и затворяет все по воле Божьей, и Он в точности исполняет все провидения Бога, не допуская ни малейшей ошибки.

Пример Филадельфийской церкви сегодня

В послании Филадельфийской церкви содержатся характеристики избранной Богом церкви, которой Он Сам управляет. Это церковь, которую Он признает и ведет. Сегодня церковь, которая удостоится похвалы Господа, подобно Фаладельфийской церкви, даже имея немного силы, не пойдет на компромисс с миром. Они будут хранить Слово Божье и при любых преследованиях или испытаниях будут долготерпеливы до конца и все преодолеют с любовью и верой.

Такая церковь получит те же благословения, какие были даны Филадельфийской церкви. А именно, они будут иметь свидетельство Божьей любви к ним и явят изумительные дела Божьей силы.

Бог откроет многие двери благословений, включая

духовную власть побеждать и изгнать врага, дьявола и сатану. Он откроет дверь Божьей силы, чтобы демонстрировать великие чудеса, знамения и совершать необычайные дела. Через эти двери церковь может привести многие и многие души на путь спасения.

К тому же, когда двери благословений открываются перед церковью, ее члены, по мере соответствия требованиям, приближаются к получению ключей от Нового Иерусалима.

Со времени открытия Центральной церкви «Манмин», я взял Филадельфийскую церковь как образец, и мы всеми силами пытались стать прекрасной церковью, заслуживающей похвалы Господа. Мы претерпели многие и разные гонения и испытания, чтобы сохранить Слово Божье и не вступить в компромисс с миром.

В результате, с Божьего позволения, стали проявляться сила сотворения и невообразимые дела. Конечно, мощные дела Божьей силы, которые происходят сейчас, не сразу проявились. Бог выводил нас на более высокие уровни по мере того, как мы, шаг за шагом, с верой преодолевали этапы очищения, подобного переплавке в огненной печи.

Бог дает ключи к благословениям, но каждый верующий и каждая церковь должны самостоятельно открыть дверь и наслаждаться ими внутри самого хранилища.

Книга пророка Аггея, 2:9, говорит: *«Слава сего последнего храма будет больше, нежели прежнего, говорит Господь Саваоф»*. Как уже говорилось, имея даже немного сил, мы, на своем месте, должны сделать все, что от нас зависит, чтобы осуществить еще более великие дела, чем те, что мы делали прежде, и воздать хвалу Богу.

Похвала Господа Филадельфийской церкви

«Знаю твои дела; вот, Я отворил перед тобою дверь, и никто не может затворить ее; ты не много имеешь силы, и сохранил слово Мое, и не отрекся имени Моего. Вот, Я сделаю, что из сатанинского сборища, из тех, которые говорят о себе, что они Иудеи, но не суть таковы, а лгут, – вот, Я сделаю то, что они придут и поклонятся пред ногами твоими, и познают, что Я возлюбил тебя. И как ты сохранил слово терпения Моего, то и Я сохраню тебя от годины искушения, которая придет на всю вселенную, чтобы испытать живущих на земле» (Откровение, 3:8-10).

Когда люди имеют большие достижения в различных областях и вносят вклад в развитие человеческой цивилизации, или же совершают героические дела, ведомые любовью, их имена помнят и восхваляют из поколения в поколение.

Если нас любят и признают наши ближние, то это нечто радостное и приятное. А если нас, как Филадельфийскую церковь, может похвалить Господь, то эта похвала - вечная и истинная. Ценность такой похвалы и счастье, которое она дает, ни с чем не сравнимы.

Господь отворил дверь перед Филадельфийской церковью

Прежде чем высказать Свою похвалу, Господь дал обещание Филадельфийской церкви благословить ее.

В частности, Он сказал: *«Вот, Я отворил перед тобою дверь, и никто не может затворить ее»* (ст.8). Когда Господь открыл дверь благословений, никакой человек, ни ангел, ни враг, дьявол и сатана, не могут закрыть ее. Господь повиновался до самой смерти, следуя воле Божьей. Он преодолел власть смерти. Благодаря этой победе Он стал Царем царей и Господом господствующих.

Также Евангелие от Иоанна, 14:13, говорит: *«И если чего попросите у Отца во имя Мое, то сделаю, да прославится Отец в Сыне»*. Как сказано, Бог обещал, что Он даст нам все, чего ни попросим во имя Иисуса Христа

Петр, ученик Иисуса, признался Ему: *«Ты – Христос, Сын Бога Живого»* (От Матфея, 16:16). Тогда Иисус сказал

Петру: *«И Я говорю тебе: ты – Петр, и на сем камне Я создам Церковь Мою, и врата ада не одолеют ее; и дам тебе ключи Царства Небесного: и что свяжешь на земле, то будет связано на небесах, и что разрешишь на земле, то будет разрешено на небесах»* (От Матфея, 16:18-19).

Великая власть содержится в Его слове: *«Я отворил перед тобою дверь, и никто не может затворить ее»*. Эта власть, данная Петру, - связывать на земле то, что будет связано на Небесах, и разрешать на земле то, что будет разрешено на Небесах.

Однако эти слова благословения даны не только Филадельфийской церкви, но каждому человеку, каждой церкви, которую признает Господь. Поскольку Рука Божья на тех людях и церквях, которые Он избирает и направляет, то, открытая Господом дверь не может быть никем и ни при каких обстоятельствах закрыта.

И сколько бы не старался враг дьявол навредить, если Бог решил и дал указание выполнить что-то, это непременно совершится во славу Бога.

Господь тот же вчера, сегодня и во веки веков. Он будет с нами до Своего возвращения, чтобы взять нас к Себе. Он выступает гарантом членов тех церквей, которые Сам основал.

Филадельфийская церковь, имея не много сил, сохранила Слово Божье

Филадельфийская церковь удостоилась всех этих благословений, потому что, имея не много сил, она сохранила Слово Божье и не отреклась от имени Господа. Если Господь похвалил их за то, что в их церкви все шло очень хорошо, то почему же Он в первую очередь помянул, что у них мало силы?

В этом содержится два значения. Прежде всего, слова «не много силы» отражают состояние веры, сравнимой с горчичным зерном, что присуще тем, кто только принял Господа. Однако малое горчичное зерно вырастает и становится огромным деревом, куда прилетают многие птицы и покоятся там, и вьют на его ветвях свои гнезда. По мере того как мы совершенствуемся в своей христианской жизни, возрастает и наша вера, становясь более зрелой.

С момента, когда у них было мало силы, другими словами, когда их мера веры была не велика, Филадельфийская церковь, изучив Слово Божье, сохранила его и росла в своей вере.

На самом деле, в начале христианской жизни нелегко исполнять Слово Божье, имея такую малую силу. Поскольку у человека не много сил, чтобы победить мир, он, даже зная, что такое истина, не может применить эту истину на практике.

Например, сидит человек и слушает проповедь о том, что

нужно бороться с несдержанностью. И вот он принимает решение, что будет жить в соответствии со Словом. Но когда попадает в ситуацию, огорчающую его, то начинает злиться и мгновенно выходить из себя, потому что силы не много. Однако, даже если силы не много, когда Слово по-настоящему вложено в сердце, когда человек горячо молится, тогда он может и это преодолеть с помощью Святого Духа.

Филадельфийская церковь имела не много силы, но они пылко молились и хранили Слово так, что их вера быстро росла. Они смогли стать церковью, удостоившейся слов похвалы от Господа.

Далее, сохранение Слова Божьего при малых силах означает, что в действительности сила у них была великая, но исполняли они волю Божью со смирением, будто силы было не много. Рассмотрим это на примере Иисуса, Господа нашего.

Иисус изначально един с Богом Отцом. Он Единородный Сын Божий, и Его сила и власть таковы, каковы сила и власть Бога. Но Иисус, когда сошел на эту землю, облекся в плоть скромного человека. Он жил так, как жили все люди. Ему пришлось страдать от голода, усталости, холода и физической боли так же, как страдает любой другой человек.

Он выполнил миссию Спасителя не в величественном обличии прославленного Сына Божьего, а в облике обычного человека, имеющего не много сил. И хотя Он обладал могуществом, но поступал в соответствии со справедливостью, как простой человек, - с минимальными и ограниченными силами.

Аналогично этому, некоторые из нас обладают добрым сердцем и имеют большой потенциал, но Бог не дает нам мощные силы с самого начала и безоговорочно. Бог ведет нас, шаг за шагом, по справедливости с тем, чтобы наша малая сила могла достичь зрелости и перерасти в большую силу.

И с малой силой Филадельфийская церковь «не отреклась имени Господа»

Филадельфийская церковь получила похвалу за то, что сохранила Слово Господа, а также за то, что «не отреклась имени Господа». Здесь, выражение «отречься Его имени» значит не только полностью отказаться от Его имени и оставить Его.

Если воля Божья известна, а человек не живет по Его воле, то это, в широком смысле, и означает, что он отрекается от имени Господа. Некоторые исповедуют веру на словах, однако уклоняются то вправо, то влево; то одно, то другое ставят под сомнение и, в конечном счете, возвращаются в мир, даже не попытавшись следовать Его воле на деле.

Если человек знает, но отказывается повиноваться воле Божьей, поскольку не считает это важным, то, столкнувшись с испытаниями или скорбями, он не будет в состоянии их преодолеть. Напротив, он будет роптать и жаловаться на Бога. Может даже покинуть церковь. Не будет повиноваться истине, думая: «Какая это мелочь». И в конце концов неминуемо окажется в ситуации, когда предаст Господа.

Церковь в Филадельфии начала, имея не много силы, то есть с малой мерой веры. Но даже пока их вера росла, их дела были достаточны, чтобы заслужить похвалу от Господа. Они жили только по Слову в любой ситуации. Не отреклись от Бога даже тогда, когда столкнулись с испытаниями и скорбями, хранили свою веру и только тверже стали стоять на камне веры.

Самое важное для нас - непрестанно молиться, чтобы и с такой «малой силой» соблюдать Слово Божье и не отрекаться от имени Господа.

Только собственными силами и властью мы не сможем отвергнуть неправду и одолеть тьму. Поскольку это можно сделать только благодатью и силой Божьей, нам нужно получить эту благодать и силу через молитву.

А еще, нужно правильно понимать, в чем воля Божья. Мы должны знать, что такое грех, что такое тьма и что значит «плоть». От всего этого нужно освободиться как можно быстрее. Если же нет, то, не зная воли Божьей, можно сбиться с пути праведности и выбрать ошибочную дорогу.

По этой причине желающие знать волю Господа по-настоящему могут с благодарностью и радостью принять и выговор, и упрек. Потому что так можно яснее понять волю Господа и жить по ней.

Филадельфийская церковь получила свидетельство любви Господа

Господь знал все, что они сделали, чтобы сохранить Его Слово, потому и сказал: «Знаю твои дела». И хотя их вера была мала и имела небольшую силу, они не отреклись от Его имени, и Он показал им свидетельства Своей любви.

Он сказал: *«Вот, Я сделаю, что из сатанинского сборища, из тех, которые говорят о себе, что они Иудеи, но не суть таковы, а лгут, – вот, Я сделаю то, что они придут и поклонятся пред ногами твоими, и познают, что Я возлюбил тебя»* (ст.9).

Как объяснялось выше, «сборище сатанинское» – это группа из двух или более лиц, которые выступают против истины и порождают раздор внутри церкви. «... Которые говорят о себе, что они Иудеи, но не суть таковы» – это те, кто говорят, что верят в Бога, что они чада Божьи, но принадлежат к сатанинскому сборищу. Они препятствуют Царству Божьему.

На словах они называют себя чадами Божьими, но не живут в истине, злословят, судят и осуждают других. Они приносят церкви только неприятности и раздоры.

Если что-то не соответствует их представлению или не укладывается в рамки их понимания, то они начинают осуждать людей, которые являют славу Божью через удивительные чудеса и знамения. «... Которые говорят о себе, что они Иудеи, но не суть таковы» – это те, что называют себя верующими, но преследуют церкви и пасторов, избранных Самим Богом, и чинят препятствия Царству Божьему.

Библия говорит, что лжец и антихрист тот, кто отвергает Христа Иисуса (1-е посл. Иоанна, 2:22). Но некоторые еще и лгут, говоря о себе, что веруют.

1-е послание Иоанна, 1:6, учит: *«Если мы говорим, что имеем общение с Ним, а ходим во тьме, то мы лжем и не поступаем по истине»*. Как сказано, лжецы – те, кто говорят о себе, что веруют, но в действительности не живут по Слову Божьему.

Господь говорит: «Я сделаю то, что они придут и поклонятся пред ногами твоими». Значит, даже эти люди, в конце концов, осознают свои прегрешения перед силой Божьей, покаются и придут. Так Бог подтверждает, что Он любит церковь и Своих служителей.

Церковь в Филадельфии также претерпела гонения и трудности от тех, кто называли себя Иудеями, но таковыми не являлись. Но Бог сделал так, что и они пришли и покаялись перед церковью. Бог привел доказательство своей любви к церкви в Филадельфии. Но не все покаялись, обратились и вернулись.

Они уже совершили грех хулы на Святого Духа, когда прекословили Духу Святому. Таковым нелегко покаяться, обратиться и получить прощение (От Матфея, 12:31-32). Но среди называющих себя Иудеями есть люди с добрым сердцем. Когда они слышат слово истины и видят дела

Божьей силы, они осознают свои грехи и каются.

Бог показывает свидетельство любви через испытания

Иногда Бог допускает, чтобы чада Его возлюбленные подверглись преследованиям или испытаниям для их же совершенствования. Но, в конечном счете, гонения обернутся благословениями, и тому будут точные свидетельства. С другой стороны, над гонителями и сеятелями раздора будет справедливый суд.

Это так, потому что быть в оппозиции человеку или церкви, которых любит и признает Бог, значит противостоять Самому Богу. И, читая Библию, мы видим, что конец таких людей плачевен. Когда люди утверждают, что любят Бога, они должны делами доказывать свою любовь. Так же, как и Бог, Который не просто говорит Своим чадам: «Я люблю вас», но также демонстрирует подтверждения Своей любви.

В Библии у тех, кого возлюбил Бог, были явные доказательства того, что Он был с ними. Бог тот же вчера, сегодня и вечно, и Бог различными способами свидетельствует о Своей любви тем церквям и пасторам, которых любит.

Прежде всего, Бог показывает бесчисленные дела, свидетельствующие о том, что Он Бог Живой; через вдохновение Святого Духа Бог раскрывает глубокие тайны духовного царства, недоступные человеческому пониманию. Враг дьявол может пытаться помешать, но Бог даст свою защиту как еще одно доказательство своей любви.

В дополнение к этому, препятствия в виде тех, кто называют себя Иудеями, но таковыми не являются, могут привести к проявлению еще более великой силы Божьей.

Враг, дьявол и сатана, может подстрекать нечестивых людей, чтобы те навлекали испытания и гонения на избранных Богом людей, но, по закону справедливости, избранные в результате могут получить еще более великую силу Божью. Чем больше испытаний они преодолевают с благочестием, любовью и верой, тем более великую силу Божью они могут получить. В конечном счете, удивительный уровень силы Божьей может стать доступным людям, избранным Богом.

Филадельфийская церковь избежала «годины искушения»

Верующие в Филадельфийской церкви сохранили Слово Божье и не отреклись имени Господа даже при малой силе. Они также сохранили слово терпения Его, и Бог оградил их от годины искушения (ст.10). Почему здесь говорится о «слове терпения»?

Иногда, чтобы исполнять Слово Божье, нужно большое терпение. Особенно, когда мы имеем не много силы, или хрупкую веру. Поскольку при слабой вере наше сердце скорее будет следовать неправде, чем добродетели и истине, то, для того чтобы бороться с грехом и придерживаться истины, мы должны проявить долготерпение, пребывая в молитве и посте.

Но когда сердце истины стало сильнее неправды, тогда следовать истине становится значительно легче. Нам не нужно, как прежде, преодолевать или подавлять желания плоти. Дела истины закономерно следуют даже за небольшими усилиями.

Но нельзя успокаиваться только потому, что сердце истины стало сильнее сердца неправды. До тех пор пока не отброшены все формы зла, нам нужно терпеливо и настойчиво контролировать все свои порывы.

Когда мы упорно стараемся претерпеть все и делаем все, что в наших силах, чтобы жить по мере своей веры по Слову Божьему, Бог считает наши усилия делами веры. Таких детей Своих Бог благословляет и оберегает от испытаний.

Далее, что значит: «Я сохраню тебя от годины искушения»? Бог непременно воздает людям по тому, что они совершили, по их делам. Насколько Его чада живут в Слове и во Свете, настолько Бог и охраняет их от власти тьмы.

Например, пока они святят День Господень и отдают полную десятину, Бог может дать им защиту в основных сферах жизни. Если произойдет, скажем, несчастный случай, даже по их собственной ошибке, Бог сохранит их, и они не пострадают. А если они стойко соблюдают Слово и живут в истине? Конечно, Бог сохранит их во всех обстоятельствах.

Причина проверки и испытаний

Некоторые христиане, кажется, живут доброй христианской жизнью, но страдают от различных испытаний и бедствий. Находятся такие, кто говорит что-то вроде: «Они, наверно, совершили грех перед Богом», или «Они работают, только когда их другие могут увидеть». И начинают злословить, оценивать, судить и осуждать.

Конечно, когда чада Божьи хранят Его Слово и живут в истине, Бог защищает их, чтобы они могли избежать испытаний и печалей. Даже когда чада Божьи оказываются перед лицом трудностей, Бог все делает, чтобы это содействовало им ко благу (Посл. к Римлянам, 8:28). Итак, если мы не имеем Божьей защиты и страдаем от испытаний и скорбей, то нужно оглянуться и исследовать: должным ли образом ходили мы перед Богом.

Иногда, однако, мы можем столкнуться с испытаниями, даже если живем надлежащей христианской жизнью. В таком случае, это испытания, которые Бог допускает, чтобы дать нам благословение. Поэтому, когда видим, что кто-то проходит через испытания, не следует, думая, что разбираемся в истине, судить его только потому, что мы видим внешне.

Например, когда Иосифа продали в рабство на чужбину и когда его незаслуженно бросили в темницу, с плотской точки зрения кажется, что он пострадал от испытаний. Но все это было в провидении Бога, Который допустил это, чтобы сделать Иосифа правителем и заложить основание для Израиля. Итак, результатом тех испытаний стали не только личные благословения Иосифа, но и великая слава Богу.

Это сравнимо с тем, когда верные христиане подвергаются гонениям и даже мученичеству. Это не значит, что Бог их не защищает, напротив, это скорее пример побед, одержанных в испытаниях.

Как записано в Послании к Римлянам (8:18): *«Ибо думаю, что нынешние временные страдания ничего не стоят в сравнении с тою славою, которая откроется в нас»*, они могут обрести славу, не сравнимую с преходящими земными страданиями.

Эта «година искушения» дает подробности времени Семи лет Великой Скорби. Так как мы живем в последние времена, мы должны бодрствовать и вести здравую жизнь в вере, чтобы миновать испытания.

Если мы, живя в последние дни, просто ходим в церковь, но не исполняем Слово Божье, а дружим с миром, то, когда вернется Господь, мы не будем восхищены на Небо. Вместо этого нас будут ждать Семь лет Великой Скорби. Но если стойко храним слово, то, не только избежим годины искушения, но и вместе с Господом примем участие в семилетнем Брачном пире, который состоится на Небесах.

Когда Господь, грядущий на облаке, придет вновь, усопшие, принявшие Господа, воскреснут первыми. Затем, живые, уверовавшие в Господа, облачатся в воскресшее тело и будут восхищены на Небо. Их ожидает семилетний Брачный пир на Небесах.

В это время Святой Дух заберется, и наступят Семь лет Великой Скорби. Сила тьмы будет иметь полный контроль над миром. Появится антихрист. Его люди будут искать тех, кто сохранил веру в Иисуса Христа. Они попытаются суровыми пытками заставить их отречься от Господа.

Чтобы избежать Семи лет Великой Скорби, мы должны бодрствовать, молиться и украшать себя как Невесту Господа. А именно, нам нужно отвергнуть всякого рода зло, чтобы обрести сердце, подобное сердцу Господа.

Обетование Господа Филадельфийской церкви

«Се, гряду скоро; держи, что имеешь, дабы кто не восхитил венца твоего. Побеждающего сделаю столпом в храме Бога Моего, и он уже не выйдет вон; и напишу на нем имя Бога Моего и имя града Бога Моего, нового Иерусалима, нисходящего с неба от Бога Моего, и имя Мое новое. Имеющий ухо да слышит, что Дух говорит церквам» (Откровение, 3:11-13).

Филадельфийская церковь с того времени, когда имела не много силы, с упорством хранила Слово, и Господь открыл для них дверь благословений, и явил им свидетельство Своей любви. Более того, Он сказал им, что грядет скоро, и объяснил, как им следует себя вести (ст.11).

Обещание Господа «гряду скоро» относится не только

к тому времени, 2000 лет назад, но также применимо и ко дню сегодняшнему. Некоторые могут сказать: «Он говорил, что грядет скоро, почему же так медлит?». Но, на самом деле, Он не медлит. Его слово непрерывно исполнялось до сего самого момента. Большинство людей живет в здравии только семьдесят или восемьдесят лет, а затем встречаются с Господом, Который сказал: «Гряду скоро».

Так вот, не следует думать, что Господь медлит (2-е посл. Петра, 3:9-10), нужно готовиться, чтобы достойно встретить Господа в любое время.

Итак, каков совет и каковы благословения Господа Филадельфийской церкви?

Господь желает, чтобы мы крепко держались того, что имеем

Прежде всего, Господь сказал церкви в Филадельфии: *«Держи, что имеешь, дабы кто не восхитил венца твоего»* (ст.11). Однажды наш Господь уже сказал церкви в Фиатире: *«Только то, что имеете, держите, пока приду»* (Откровение, 2:25). Это значит, что они должны были держаться веры, которую имели, чтобы не потерять шанса на спасение.

Но когда Господь сказал церкви в Филадельфии: «Держи, что имеешь», здесь дело не только в спасении.

Члены церкви в Филадельфии хранили Слово Божье с того времени, когда у них было не много силы из-за их малой веры. И здесь имеется в виду, что им надлежало как следует исполнять Богом данные обязанности, чтобы удостоиться венцов и наград, которые Бог обещал дать им на Небесах. Итак, Господь предупреждает их не потерять уготованные венцы, поддавшись искушению на полпути.

Конечно, когда мы окажемся на Небесах, полученные нами венцы уже у нас не заберут. Но пока мы на этой земле, мы можем лишиться венцов, которые могли бы получить на Небесах, если сдадимся на полпути, поддадимся искушениям.

Если мы истинно имеем веру и упование на Небеса, мы не должны пренебрегать своими, Богом данными, обязанностями, не оставлять их, чтобы не потерять обещанные нам венцы. Также мы не должны проявлять высокомерия при исполнении своих обязанностей, думая: «Без меня этого никто сделать не может». Светильник может быть подвинут. Нужно хранить смиренное отношение к делу, свою первую любовь и изначальное старание.

Дела Божьи всегда будут исполняться. Если же мы не выполняем своих обязанностей, то при любых обстоятельствах Бог выполнит Свою работу через другого человека, которого Он уже приготовил.

Бог не забирает от нас наших обязанностей сразу только потому, что мы пренебрегли ими раз или два. Он непременно и многократно дает нам шанс исправиться. Но если мы не меняемся, несмотря на данную нам возможность, Бог заменит нас другим человеком, чтобы распространялось

Царство Божье.

Мы упорно отвращались от грехов и твердым шагом шли вперед с упованием на Небеса. Итак, нам никогда не следует, оборачиваясь назад, на мир, терять награды, которые собирались для нас на Небесах.

Предположим, мы были верными в своей христианской жизни и можем войти в лучшие обители на Небесах. Но если мы совершаем грехи, ведущие к смерти, то, даже если раскаиваемся и отвращаемся от грехов, нам придется начинать сначала, с Рая - самого низкого места среди небесных обителей.

Но если мы действительно обратились и своими усилиями обрели милость Божью, то можем восстановиться в прежнем статусе. В соответствии с нашими усилиями мы можем также ожидать лучших обителей на Небесах.

Благословение быть столпами в храме Божьем

Поскольку Филадельфийская церковь крепко держалась того, что делала, и, в конечном счете, была способна победить, Господь дал им обещание, что сделает их столпами в храме Его Бога (ст.12).

Здесь, «храм Бога Моего» означает место пребывания Престола Божьего. Это Новый Иерусалим. Стать столпом в Новом Иерусалиме - значит стать важной фигурой в Новом Иерусалиме. А это величайшее благословение.

Но это благословение дается не каждому, а только

победителям. Члены церкви в Филадельфии имели малую веру, но сохранили Слово Божье и никогда не отрекались от имени Господа. Соответственно, по мере роста их веры, они могли неизменно практиковаться в истине и достичь полного освящения. Они смогли преданно исполнить свои, Богом данные, обязанности.

Это - жизнь умеющего побеждать; более того, тот, чья вера признана Господом совершенной, станет столпом Нового Иерусалима. Впрочем, хотя Бог и дал нам обетование благословений, но, если мы не крепко держимся Его обещания и не храним своего сердца, обетования благословения будут отняты у нас.

Когда же мы неизменно исполняем свои обязанности и превозмогаем до той поры, когда данное слово становится реальностью, мы можем получить обещанные венцы и награды, а также благословение стать столпами в Новом Иерусалиме.

Бог неизменен, поэтому Он никогда не отнимет этих благословений. А поскольку эти благословения никогда не могут быть взяты от нас, Господь сказал: «И он уже не выйдет вон».

Господь также продолжил: *«И напишу на нем имя Бога Моего и имя града Бога Моего, нового Иерусалима, нисходящего с неба от Бога Моего, и имя Мое новое»* (ст.12). Это значит, что Бог гарантирует исполнение Своего обетования, полностью подтверждая его Своим именем, именем Нового Иерусалима и новым именем нашего

Господа.

Новое имя нашего Господа – «Царь царей и Господь господствующих». Это славное имя дано Господу Иисусу, исполнившему провидение спасения человечества, которое Он искупил от грехов, и воскресшему и вознесенному на Небеса (Посл. к Филиппийцам, 2:9-11).

Требования к входящим в Новый Иерусалим

Иерусалим был столицей Израиля, местом жительства царей Израильских. Все жертвоприношения, возносимые Богу, совершались в святом храме Бога города Иерусалима. Впрочем, Новый Иерусалим не похож на Иерусалим на этой земле, который в итоге исчезнет. Святой город Новый Иерусалим – это вечный и непреходящий Иерусалим, где живет Сам Святой Бог (Откровение, 21:1-2).

Только полностью освященные и верные на этой земле могут войти в Новый Иерусалим. Здесь Бог даст им вечную славу. Поэтому он называется «Градом Славы». Надежда на это была обещана не только церкви в Филадельфии, но всем церквям и верующим, действующим подобно Филадельфийской церкви и ее членам.

Но нельзя войти туда, не будучи особо верным и не имея полной меры веры. Нужно совершить полное освящение, избавившись от всякого рода зла, и быть верным во всем доме Божьем. Туда можно войти только с наивысшим уровнем веры. Наша вера не может достичь этого уровня в одночасье. Нашими собственными силами достичь этого уровня тоже невозможно.

В Библии отцы веры, которые удостоились войти в Новый Иерусалим, уподобились чистому золоту, благодаря суровым испытаниям и очищению, которые были в провидении Божьем. Они до конца выполнили свои обязанности, даже ценой своей жизни, что было не по силам простым людям. Только после этого они стали достойными войти в Новый Иерусалим.

Поэтому давайте неизменно хранить терпение, даже при малой вере. И, обретая полное освящение, будучи во всем верными, не только примем свидетельство любви Божьей к нам, но и получим благословение стать столпами в Новом Иерусалиме.

Глава 7

Церковь Лаодикии

- Большая церковь, которая была ни холодна, ни горяча

Лаодикийская церковь в финансовом смысле жила богато, но пребывали они в жалком состоянии. Духовно они были в испытаниях, слепы и наги. Господь упрекнул их в том, что они ни горячи, ни холодны, велел им быть усерднее и покаяться.

Это слово, данное церквям сегодня, тем, которые не проявляют большого энтузиазма, не пытаются измениться, говоря: «Мы богаты, у нас ни в чем нет недостатка».

Откровение, 3:14-22

«И Ангелу Лаодикийской церкви напиши: так говорит Аминь, свидетель верный и истинный, начало создания Божия:

знаю твои дела; ты ни холоден, ни горяч; о, если бы ты был холоден, или горяч! Но, как ты тепл, а не горяч и не холоден, то извергну тебя из уст Моих. Ибо ты говоришь: “я богат, разбогател и ни в чем не имею нужды”; а не знаешь, что ты несчастен, и жалок, и нищ, и слеп, и наг. Советую тебе купить у Меня золото, огнем очищенное, чтобы тебе обогатиться, и белую одежду, чтобы одеться, и чтобы не видна была срамота наготы твоей, и глазною мазью помажь глаза твои, чтобы видеть. Кого Я люблю, тех обличаю и наказываю. Итак, будь ревностен и покайся. Се, стою у двери и стучу: если кто услышит голос Мой и отворит дверь, войду к нему, и буду вечерять с ним, и он со Мною. Побеждающему дам сесть со Мною на престоле Моем, как и Я победил и сел с Отцем Моим на престоле Его. Имеющий ухо да слышит, что Дух говорит церквам».

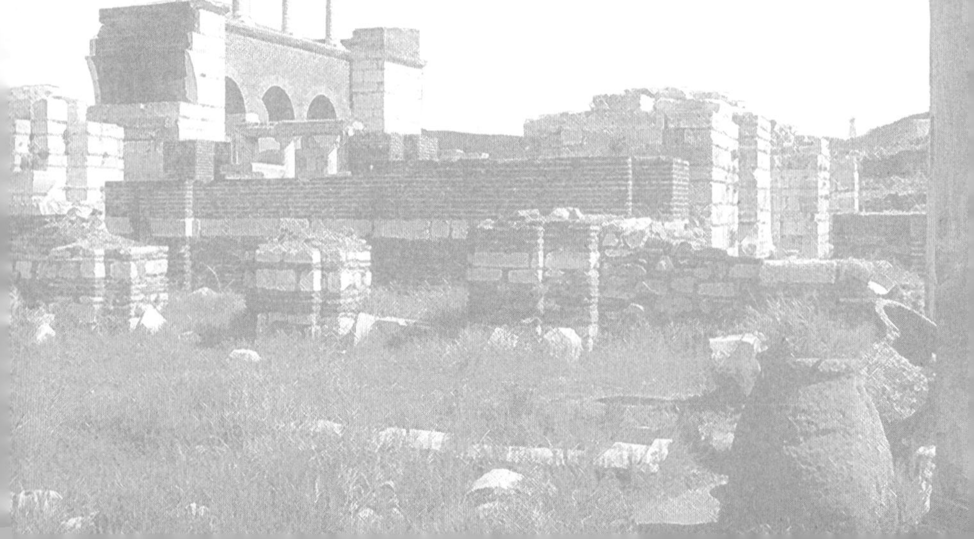

Послание Господа Лаодикийской церкви

> «И Ангелу Лаодикийской церкви напиши: так говорит Аминь, свидетель верный и истинный, начало создания Божия» (Откровение, 3:14).

Евангелие было проповедано в Лаодикии через Епафродита, соработника апостола Павла. Павел тоже интересовался делами в Лаодикии (Посл. к Колоссянам, 4:15-16). Лаодикийская церковь была основана при благоприятных обстоятельствах. Они имели хорошее окружение, могли расти духовно, но соблазн денег и комфорта привел их к застою. Господу пришлось укорить их в том, что они теплы – безразличны, равнодушны.

Эта церковь получила только укор и никакой похвалы от Господа. Сардисская церковь тоже получила упрек, однако, там все-таки были некоторые, не запятнавшие своих одежд. Лаодикийская же церковь получила только порицание.

Аминь, свидетель верный и истинный

Писание говорит, что Господь пишет Ангелу Лаодикийской церкви: *«Аминь, свидетель верный и истинный, начало создания Божия»* (ст.14). Перед Отцом Богом Господь говорит только «да» и «аминь». Никакого «нет» – никакого непослушания. Иисус является образом Божьим, но при этом Он не старался уподобиться Богу, а напротив, сошел на эту землю в облике человека.

До того часа, когда славного Сына Божьего презрели, отвергли и распяли те, кого Он Сам создал, в Нем было только «да» (Посл. к Филиппийцам, 2:6-8). Поэтому во 2-м послании к Коринфянам, 1:19, сказано: *«Ибо Сын Божий, Иисус Христос, проповеданный у вас... не был "да" и "нет"; но в Нем было "да"...».*

Как чада Божьи мы должны быть способны говорить только «да» и «аминь» перед Богом. Свои идеи или теории, все, что нам кажется правильным, мы должны счесть ничего не стоящим и повиноваться Слову Божьему. Многие верующие в действительности не принимают и не повинуются Слову Божьему, если оно расходится с их собственным пониманием.

Временами, они производят впечатление людей, подчиняющихся Слову, но они меняются и обращаются к человеческому образу мыслей, как только сталкиваются с какой-то трудностью. Из-за этого они не могут ощутить на себе дела Божьи и воздать Ему славу.

Во 2-м послании к Коринфянам, 1:20, записано: *«Ибо все обетования Божии в Нем "да" и в Нем "аминь", – в славу Божию, через нас»*. Когда мы в послушании, только со словами «да» и «аминь», как это делал Господь, Бог гарантирует, что мы получим результат нашего послушания. Так мы сможем вести жизнь, в которой Богу воздается только слава.

Далее, Господь – «свидетель верный и истинный». Верный человек не отстаивает свои собственные идеи. И даже не ищет своей выгоды. В нем только «да» и «аминь». Например, когда царь повелевает, верный раб идет, даже если знает, что может умереть.

Поскольку наш Господь был верен, Он с «аминь» на устах повиновался до самой смерти и, в конечном счете, полностью исполнил все пророчества Ветхого Завета о Мессии. Поэтому, верно исполнив Слово Божье, Господь подтвердил факт того, что обетование Божье полностью исполнено.

Господь есть Начало создания

Господь есть «Начало создания Божия». Послание к Колоссянам, 1:15-17, гласит: *«Который есть образ Бога невидимого, рожденный прежде всякой твари; ибо Им создано все, что на небесах и что на земле, видимое и невидимое: престолы ли, господства ли, начальства ли, власти ли, – все Им и для Него создано; и Он есть прежде всего, и все Им стоит».*

Изначально вся Вселенная и все, что в ней, было сотворено Словом Божьим. Евангелие от Иоанна, 1:1, говорит: *«Слово было у Бога, и Слово было Бог».* Первоначально Господь и Бог суть одно, а Иисус был Словом, пришедшим в мир во плоти. Поэтому Господь есть Начало создания Божьего.

Почему же перед тем, как обратиться к церкви в Лаодикии, Господь объясняет, что Он – «Аминь, свидетель верный и истинный, начало создания Божия»? А для того, чтобы подтвердить, что Слово Божье непременно исполнится и что суд Божий справедлив и праведен.

Господь, кто есть Начало сотворения, говоря «да» и «аминь», полностью осуществил Слово Божье и желает напомнить нам факт, что обещание, данное церкви в Лаодикии, тоже будет исполнено.

Случаи подобия Лаодикийской церкви сегодня

Когда церковь усердно молится и верно трудится для Царства Божьего, Бог дает им возрождение и финансовые благословения. Он по заслугам воздает благословения каждому члену церкви. Сегодня есть некоторые церкви, которые неправильно используют данные Богом благословения. То есть, имея благословения, церковь и ее члены идут на компромисс с миром.

Когда церковь вырастает количественно, они также приобретают определенный достаток, известность и авторитет в обществе. Если после этого они пренебрегают делами Божьими и больше стремятся к славе и богатству, то действуют, угождая то Богу, то миру. Вместо того чтобы направлять свои интересы к спасению новых душ и расширению Царства Божьего, они входят в соглашательство с миром. Все более уподобляясь светским людям, они объединяются с теми, у кого есть богатство, известность и авторитет.

Конечно, это не значит, что мы должны бойкотировать или отвергать всех, у кого есть деньги, слава и власть в мире. Мы должны принимать их в объятия с любовью Христовой, иметь общение с ними, прививать им веру и воздавать славу Богу. Если так, то это благое дело.

Но, не имея искренней заинтересованности в достижении такой цели, действуя ради обретения большего богатства, известности и авторитета, некоторые церкви входят в согласие с миром. Такие церкви Господь укоряет, называя их теплыми.

Укор Господа Лаодикийской церкви

«Знаю твои дела; ты ни холоден, ни горяч; о, если бы ты был холоден, или горяч! Но, как ты тепл, а не горяч и не холоден, то извергну тебя из уст Моих. Ибо ты говоришь: "я богат, разбогател и ни в чем не имею нужды"; а не знаешь, что ты несчастен, и жалок, и нищ, и слеп, и наг» (Откровение, 3:15-17).

В то время в Лаодикии было изобилие шерсти. Они были настолько богаты, что, даже в самый ранний период истории города, там уже существовали коммерческие банки. Даже после сильного землетрясения в 17 году н.э., в отличие от других городов, они сумели восстановиться без помощи центрального правительства Римской империи.

Богатство Лаодикийской церкви росло, и Господь

упрекнул их в том, что они были ни горячи, ни холодны, но теплы. Господь сказал им, чтобы, уж, были либо горячими, либо холодными, иначе Он извергнет их из Своих уст.

Теплая вера – ни горячая, ни холодная

Когда холодная вода нагревается на огне, она становится горячей, но если прекратить нагревание, то она становится теплой, и в конце концов просто остывает. Что же такое холодный, горячий или теплый в вере? «Быть холодным» в духе значит «не иметь дел Святого Духа в сердце» – это состояние, не имеющее ничего общего со спасением.

Иногда люди ходят в церковь, но не получают Духа Святого, поэтому и не знают, что есть истинная вера, и не понимают, что такое спасение. Среди христиан, однажды принявших Святого Духа, также есть такие, кто не избавился от мирских вожделений. В результате возврата назад, в мир, в них угасает Святой Дух. Тех, кто отдалился от спасения, Господь называет «холодными».

С другой стороны, «быть горячим» означает то, что уровень веры принявших Святого Духа возрастает, поскольку они ежедневно обретают новые духовные силы. Когда мы открываем свое сердце, чтобы принять Святого Духа, тогда и обретаем способность понимать Слово Божье с помощью Духа Святого. Чем больше узнаем о Боге и пытаемся следовать истине, исполняемся Святого Духа, тем больше получаем благодати и силы от Бога. Тогда постепенно мы в любой ситуации будем действовать в духе.

Поскольку мы Словом Божьим воюем против греха, вплоть до пролития крови, плоть умирает, но дух возрастает, и мы усердно жертвуем собой для расширения Царства Божьего. И, как Господь говорит в Евангелии от Марка, 12:30, обретаем способность любить Бога всем сердцем, всей душою, всеми помыслами и всеми своими силами. Такова «горячая любовь».

Горячая или холодная вера не указывает на меру веры. Совсем необязательно, что у верующих мирян вера холодная, а у тех, кто долго посещают церковь, имеют должности в церкви, вера горячая.

Даже если у кого-то совсем не много веры и он далек от совершенства в следовании истине, покуда он в меру своей веры делает все, что может, чтобы следовать воле Божьей, его можно считать обладателем «горячей» веры.

Конечно, имея только малую меру веры, он, время от времени, не только рассуждает о плотском, но и совершает дела плоти. А именно, те, кто еще не полностью избавились от злобы, могут проявлять несдержанность. Когда они действительно злятся и ссорятся, тогда то, что присуще плоти, может стать «делами» плоти.

Но даже в этом случае, если человек сразу раскается и отступится и он продолжит меняться, то его веру нельзя считать холодной. Другими словами, когда он постоянно контролирует себя, молится, постится и прилагает усилия к тому, чтобы повиноваться Слову Божию, Бог сочтет его веру горячей.

С другой стороны, если кто-то совсем не пытается изменяться, хотя и является христианином уже долгое время, или, зная волю Божью, уклоняется от ее исполнения, в таком случае его вера – холодная. Проблема в том, что холодная вера не появляется в одночасье. Первоначальная вера сначала становится теплой, и если человек этого не осознает, то его вера, в конечном счете, совсем остывает, становится холодной.

На теплую веру указывает вера бездеятельная, не становящаяся горячей даже при том, что человек знает, что Бог Живой, что Небеса и ад существуют. При такой теплой вере у человека, хотя он и ходит в церковь, думая, что у него есть вера, в действительности нет общения со Святым Духом. Поэтому он и не слышит голоса Святого Духа. Святой Дух не может его вести. А человек сам себя не может найти, даже слушая Слово Божье.

Он приходит в церковь, потому что знает, что попадет в ад, если его вера станет холодной. Но все равно не отдает себя в жертву Господу. Он не будет пытаться дать больше Господу, а его вера так и не станет горячей. Кроме этого, поскольку сердце не обрезано, в жизни его не происходит перемен. Внешне такой человек может казаться набожным, но поскольку он не обрезает сердца, то, даже долгое время будучи христианином, он не ощутит разницы по сравнению с тем, что происходило в его жизни в прошлом году, пять или десять лет назад. Такой верующий не будет отличаться от других, не верующих людей.

Если ему становится комфортно в состоянии теплой веры и он не отступается, то, рано или поздно, его вера превратится в холодную. Это как теплая вода, которая не всегда будет теплой, а остынет и со временем станет холодной. Поэтому когда долгое время вера людей остается теплой, то речи об их спасении нет: в конечном счете, они встанут на путь, ведущий к погибели. Поэтому Господь говорит: «Извергну тебя из уст Моих».

Суровое предупреждение Господа остерегаться теплой веры

Верующие никогда не должны допускать, чтобы Святой Дух угас в них из-за холодной веры. Холодная вера разрушает отношения с Богом и делает невозможным получение спасения. Но мы также не должны иметь и теплую веру. Почему Господь, предупреждая о теплой вере, говорит: «О, если бы ты был холоден, или горяч!», вместо того чтобы просто сказать: «О, если бы ты был горяч!». Потому что Господь очень хочет, чтобы мы четко осознали необходимость хранить себя от теплой веры.

Допустим, наша вера остывает. Тогда у нас есть возможность покаяться и, понеся определенное наказание, вернуться к горячей вере, Например, мы совершили грех, Бог отвернул от нас Свое лицо, и мы можем ослабеть или заболеть, попасть в аварию или даже пережить катастрофу.

Через такого рода наказания у нас появится возможность покаяться и восстановить свою веру. Но когда вера тепла, нелегко обрести такую возможность.

Но это не значит, что лучше иметь холодную веру. На самом-то деле, когда мы подвергаемся наказанию, имея холодную веру, совсем нелегко покаяться и встать на правильный путь. Так происходит, потому что мы испытываем чувство страха и уныния, а не любовь Божью. Как это нелепо и больно каяться после того, как уже случилась трагедия или катастрофа! Хотя Бог и тогда может простить нас, но нелегко восстановить однажды разрушенные отношения с Богом.

Теплая вера – опасное состояние застоя

Если посмотреть по-другому, то теплую веру можно отнести к крайней степени застоя. В особенности это касается тех, кто находится на третьем уровне веры и потому должен постоянно испытывать себя. Первый уровень веры – это уровень тех, кто только что принял Господа и обрел веру, достаточную для спасения. Второй уровень веры – это уровень слушающих Слово Божье и пытающихся жить по Его слову. Третий уровень веры - это в определенной степени зрелая вера. На третьем уровне человек способен деятельно соблюдать услышанное им Слово Божье.

Если мы получили Святого Духа и ведем прилежную жизнь в вере, нам достаточно легко достичь третьего уровня веры. Еще лучше, если мы ходим в церковь, в которой ощущается присутствие Духа Святого, которая исполнена молитвами и проповедью истины. В этом случае наша вера сможет значительно возрасти за относительно короткое время.

Однако, поднявшись на третий уровень веры, мы должны начать взращивать свое незримое сердце, а не акцентировать внимание на видимых делах. Поэтому нам необходимо усердно работать над своим сердцем, разумом и стойкостью. Посещая богослужения, мы должны поклоняться в Духе и истине всем сердцем своим и всем разумом своим. И мы должны молиться как можно более страстно, от самой глубины своего сердца, чтобы молитва была наполнена прекрасным благоуханием.

Когда верующие исполняют свой долг, уровень верности новообращенных и зрелых христиан должен отличаться. Иными словами, даже тогда, когда мы исполняем одинаковые обязанности, чем сильнее наша вера, тем больше верности, любви и доброты должны мы проявлять.

Требования родителей к своим детям меняются в зависимости от того, младенцы они или уже вполне взрослые.

Даже цена на одни и те же духи зависит от концентрации в них ароматического вещества. Всего несколько капель парфюмерной эссенции могут очень дорого стоить. Однако же в разбавленном виде объем духов увеличивается, а цена уменьшается.

Схожим образом, количество дел, совершенных нами для Бога Отца, может остаться прежним даже тогда, когда мы возрастем в вере, но их качество должно улучшиться благодаря большей духовной любви и благости.

Примеры застоя веры

Теоретически мы в состоянии хорошо понимать многие вещи, но их, в то же время, легко упустить из виду в повседневной жизни. С виду продолжая поступать так же, как обычно, мы не всегда способны осознать, что Богу следует отдавать большее – свое незримое сердце. Иначе, несмотря на прилежную христианскую жизнь в благодати Божьей, мы можем потерять полноту Святого Духа и жить в вере просто по привычке.

Возможно, мы постепенно начнем пропускать богослужения и молитвенные встречи, которые раньше старательно посещали. Или, даже если не пропускаем собрания, поклоняемся Богу по привычке. Мы не наполняемся радостью и вдохновением Святого Духа, а просто присутствуем в церкви физически.

Раньше мы с радостью делали пожертвования Богу, а теперь из одного только чувства долга. Иногда они кажутся нам трудными и обременительными. Когда уходит полнота Святого Духа, сердце наше становится пустым и несчастным. Со временем мы возвращаемся в мир, и пытаемся найти утешение в нем. Легко промахнуться и совершить дела плоти, тем самым возведя великую стену, разделяющую нас с Богом.

Отдалившись, мы вряд ли будем способны возродить свой пыл, даже осознавая собственное положение. В нашем сердце не остается благодати Божьей, и сама идея хождения в горячей вере кажется нам нелепой. Мы хотим одного – комфортной плотской жизни.

И вот, мы уже оставили надежду на Новый Иерусалим. Мы смиряемся с тем, что не попадем туда, куда смогут войти те, кто полностью искоренили в себе зло и хранили верность всему дому Божьему. Теперь мы думаем: «По крайней мере, я смогу войти в Первое Небесное Царство», или «Хорошо быть просто спасенным».

Причина опасности теплой веры в том, что сохранить ее невозможно, и она неминуемо делается холодной. Если оставить кипяток, он сначала делается теплой водой, а затем – холодной. Пример с весельной лодкой посередине реки - другой способ взглянуть на эту ситуацию. Если грести медленно, то лодка не будет стоять на месте, течение снесет ее вниз.

То же произошло и с царем Асой, правившим Иудеей, Южным царством. Свои первые тридцать пять лет на троне он был богобоязненным царем. Он ликвидировал всех идолов, которым поклонялась его мать. В страхе, что народ последует ее примеру, он даже лишил ее права быть королевой- матерью.

Но в последние годы своего правления его вера ослабла.

До этого, сколь бы силен ни был неприятель, он полагался только на Бога и одерживал победы. Но позже, при нашествии неприятеля, он стал рассчитывать на людей. Он даже обратился за помощью к языческим царям. Бог укорял царя Асу через пророка Анания, но тот не покаялся и не отвратился от греха. Вместо этого он подверг пророка гонениям и бросил его в темницу. Из-за этого царя Асу постигла кара - у него возникла серьезная болезнь ног.

Если бы Аса сохранил свою веру и упование на Бога, Бога Любви и Милосердия, он смог бы осознать, что Бог наказал его, потому что любил его. Он смог бы осознать, что Бог хотел дать ему еще один шанс. Но царь не стал уповать на любовь Божью, даже после того как его постигла кара. Вместо этого он стал избегать Божьего лика, положился на врачей, и в результате его постигла смерть. Этот случай ясно показывает итог, к которому приводит теплая вера.

Опасность теплой веры

Пословица гласит: «Старой корове кажется, что она и теленком не была». Это значит, что если человек преодолел трудности с чужой помощью, то он и помнить о них не будет. Кроме того, он забудет даже о тех, кто ему помог. То же касается и жизни христианина. Допустим, человек попал в трудную ситуацию, столкнулся с многочисленными проблемами. Но он горячо молился Богу и получил Божьи благодать и благословение. Однако затем, вместо того чтобы вести более прилежную жизнь в вере, он отступает от Бога и опять начинает дружить с миром.

Поэтому-то Бог желает прежде всего благословить нашу душу, чтобы она преуспевала, а уж потом дать благополучие во всем остальном. Те, у кого души преуспевают, никогда не изменятся и не охладеют в вере.

Возьмем человека, чья душа еще не преуспевает. Если он, насколько может, будет проявлять свою веру и, согласно уровню своей веры, будет сеять в молитве, то, по Закону Божьему, он пожнет надлежащий плод.

Бог обязательно благословит его преуспеванием души и позволит пожать то, что он в свое время посеял с верой. Если бы все люди получали благословения только тогда, когда их душа преуспеет, кто бы вообще смог получить ответ и благословение?

Однако важно то, что произойдет ПОСЛЕ обретения ответа и благословения. В зависимости от того, как они распорядятся своей жизнью в вере, ответ и благословение могут принести большие плоды, или же наоборот, можно вовсе лишиться благословения.

Поэтому весьма важно то, какую жизнь мы ведем после обретения благословения Божьего. Если, получив благословение, мы довольствуемся ситуацией, охладеваем в вере и начинаем дружить с миром ради большего богатства и славы, то получим нарекание от Господа.

Самая важная и основополагающая характеристика теплой веры в том, что она колеблется между Богом и миром.

Иными словами, стоя одной ногой в миру, а другой - в вере, в каждой конкретной ситуации человек выбирает ту сторону, которая сулит ему больше выгоды.

Господь также говорит в Евангелии от Луки (16:13): *«Никакой слуга не может служить двум господам, ибо или одного будет ненавидеть, а другого любить, или одному станет усердствовать, а о другом нерадеть. Не можете служить Богу и мамоне».*

Здесь, «мамона» значит не только материальные блага мира сего. Она символизирует мир и все, что в мире. Здесь сказано, что мы не можем одновременно любить мир, мирское и Бога (1-е посл. Иоанна, 2:15).

Некоторые люди думают, что мудрость в том, как бы «усидеть на двух стульях», но мудрости в этом никакой нет, скорее только глупость. Бог говорит, что Он извергнет таких людей из уст Своих (Откровение, 3:16). «Извергнуть из уст» - значит не признать их Божьими детьми и лишить спасения. Это очень строгое предупреждение.

Лаодикийская церковь была богата духом

Первая из заповедей Блаженства гласит: *«Блаженны нищие духом, ибо их есть Царство Небесное»* (От Матфея, 5:3). Нищие духом кротки сердцем. Они жаждут найти Бога и полагаются на Него.

Но богатые духом наполнены высокомерием, гордыней, своекорыстием и похотью. Они не ищут Бога, а пытаются наполнить свое сердце суетными вещами.

Некоторые люди начинают жизнь во Христе нищими духом, но со временем их дух делается богатым. Но так как плотские желания, которые они искореняли, проявляются вновь, их сердца подталкивают их ко всему мирскому. Не стоит удивляться, тому, что вера может превратиться в плотскую, когда такой верующий получает богатство, славу и власть.

Такие люди с виду живут по вере, но у них вовсе нет жажды истины. Постепенно они молятся все меньше и меньше и, в конечном итоге, вообще перестают молиться. Теперь у них нет ничего общего с верой, которая превращается для них в чистую формальность. Важнее всего для них собственная работа и земная суета, а не Бог и дела Божьи. Они говорят: «Я богат, и ни в чем не имею нужды».

Духовная нищета, слепота и нагота

Господь говорит: *«Не знаешь, что ты несчастен, и жалок, и нищ, и слеп, и наг»* (ст. 17). Осознав и признав свои недостатки, они получат возможность отвратиться от греха и вернуться к Богу. Но те, чья вера тепла, думают о себе, что богаты. Они не способны осознать свои недостатки, не могут они и признать их.

Святой Дух стенает в них, но они этого не осознают. Итак, они не пытаются стать горячими или измениться. В материальном смысле, возможно, что у них нет ни в чем недостатка, но, продолжая идти тем же путем, они только отдаляются от спасения. Потому-то они и несчастны. Кроме того, богатство, которое у них есть в этом мире, мимолетно. Подлинно богаты лишь те, кто скапливает награды в Царстве Небесном.

Те, чья вера тепла, не являются верными в глазах Божьих. Они не сеют пред Богом, потому что страстно желают денег. Находясь, словно орех, в собственной скорлупе, они ничего не скопили на Небесах. Поэтому, даже если они покаются, едва получат спасение и отправятся на Небеса, им не будет уготовано никаких наград. Оттого такие люди названы «нищими».

Те, кто понимает Слово в духовном смысле, обретут абсолютную надежду и вечную жизнь. Тогда они усердно ищут себя с помощью Слова и выходят из тьмы в Свет. И для того чтобы скопить награды на Небесах, они преданно и ревностно сеют ради Царства Божьего.

С другой стороны, обладающие теплой верой не ведают духовного мира. Вместо надежды на грядущую жизнь они видят вокруг себя лишь реалии этого мира. Именно это подразумевается под словами о духовной слепоте.

Слепые, в духовном смысле, не способны найти сокрытую в себе тьму: они и останутся блуждать во тьме (От Матфея, 6:22-23). Поэтому они не могут облечься в одежды праведности, достойные детей Божьих. По этой причине они также названы «нагими». Одежды символизируют сердце человеческое. «Носить одежды праведности» значит «обрезать сердце и обретать праведность в сердце».

Однако те, чья вера тепла, не обрезают сердца, не живут по Слову, поэтому их сердца по-прежнему полны зла, и живут они во тьме. Таков позор наготы в духовном смысле.

Облачение во внешне прекрасные одежды не значит истинной красоты. Если люди не обрезают свои сердца, но скапливают в них зло, то сколь бы прекрасны ни были их физические одеяния, они ни чем не могут скрыть позор того, что, с Божьей точки зрения, является наготой.

На Небесах, где нет никакой тьмы, мы облачимся в чистые и светлые одежды; одежда же эта есть праведность святых (Откровение, 19:8). Неба удостаиваются только те, кто живет по Слову Божьему, избавляется от запятнанных грехом плотских одежд и надевает прекрасные одежды праведности (От Матфея, 22:10-14).

Итак, чтобы войти на Небеса как прекрасная Невеста, которая будет приветствовать Господа, мы должны усердно украшать себя как Его невеста и облачаться в чистые и светлые одежды. И чтобы сделать это, мы должны жить по вере, которая ни в коей мере не является теплой. Нам не следует иметь ничего общего с жизнью несчастной, жалкой, нищей, слепой и нагой.

Совет Господа Лаодикийской церкви

«Советую тебе купить у Меня золото, огнем очищенное, чтобы тебе обогатиться, и белую одежду, чтобы одеться, и чтобы не видна была срамота наготы твоей, и глазною мазью помажь глаза твои, чтобы видеть. Кого Я люблю, тех обличаю и наказываю. Итак, будь ревностен и покайся» (Откровение, 3:18-19).

Церковь Лаодикии не осознавала, в чем у нее был недостаток. Ее члены думали, что богаты. Господь по-прежнему желал, чтобы они покаялись и отвратились от греха. Своим советом Он подробно объясняет им, почему они духовно несчастны, жалки, нищи, слепы и наги.

Господь желает, чтобы у нас была вера, как чистое золото

Прежде всего, Он говорит: *«Советую тебе купить у Меня золото, огнем очищенное, чтобы тебе обогатиться»* (ст. 18). Подобно тому, как люди в миру выше всего ценят золото, Господь сравнивает веру с «золотом, огнем очищенным», ведь вера – это высшая ценность христианской жизни.

Поэтому совет «купить у Меня золото, огнем очищенное, чтобы тебе обогатиться» значит обрести веру, не меняющуюся, как золото. Мы можем спастись и попасть на Небеса, только если веруем. Лишь по вере мы способны обрести ответы, о чем бы ни попросили (От Матфея, 9:29).

Нам не следует исповедовать свою веру только на словах. Нашей вере должны сопутствовать дела жизни по Слову Божьему. Такая вера и называется духовной верой. Библия сравнивает эту духовную веру с золотом, или чистым золотом.

Итак, имеющие духовную веру будут с абсолютным доверием относиться к Слову Божьему и следовать ему в любой ситуации. Пророк Илия в 3-й книге Царств, глава 18-я, был одним из обладателей духовной веры. Илия совершал свое пророческое служение в правление Ахава, царя Северного царства – Израиля.

Однажды Бог сказал пророку Илии, что пошлет дождь земле Израилевой, где три с половиной года была засуха. Илия верил Его слову. Он поднялся на гору Кармил, припал к земле и горячо помолился. Он молился так, что лицо его склонилось к коленям. Он молился семь раз и наконец получил ответ – проливной дождь.

Число «семь» значит «совершенство и полнота». Тот факт, что ответ последовал после седьмой молитвы, значит, что он до конца сохранял веру, молился и получал ответы. Даже если бы после седьмой молитвы не было ответа, Илия не прекратил бы молитву, пока бы не пошел дождь.

Ведь Илия абсолютно верил словам, которые Бог сказал ему. С первого слова и до конца уверовать в Бога – это и есть духовная вера, подобная чистому золоту.

Получить такую веру нелегко. Подобно тому, как в этом мире люди очищают золото до тех пор, пока не избавятся от примесей, так и существует процесс очищения, для того чтобы вера стала, как чистое золото.

Мы должны победить многочисленные испытания и бедствия, вплоть до пролития своей крови противостоять греху, трудиться и долготерпеть, живя по Слову. Благодаря этому процессу очищения, мы способны обрести веру, подобную чистому золоту.

Духовное зрение и святость сердца

Лаодикийская церковь была богата сердцем и духовно нага. Господь повелел ей купить «белую одежду, чтобы одеться» (ст. 18). Здесь, белая одежда – это святые деяния праведников. Святые деяния продиктованы святым сердцем.

Ведь Господь говорит в Евангелии от Матфея (12:34): *«От избытка сердца говорят уста»*, что имеем на сердце, то и выражается в наших словах и поступках. Лицемеры, которые не освящают своих сердец, но внешне претендуют на святость, не могут спрятаться от Бога. Бог знает их сердца. Зло, сокрытое в их сердцах, обязательно станет явным.

Поэтому «одеться в белую одежду» означает избавление от тьмы и неправды в сердце и возделывание его с тем, чтобы обрести белое сердце истины. Лишь поступая так, мы сможем облечься в одежды праведности, прикрыв позор своей наготы.

Вместе с тем, сколькие в наши дни не видят своей наготы? Бесстыдство людей доходит до того, что некоторые из них ведут себя хуже животных.

Возможно, сердце наше темное и запятнано грехами, но сами мы не сознаем тьмы, которая в нас. Мы можем утерять все человеческое и образ Божий. Нам следует знать, что, в духовном смысле, все это – позорные вещи, нагота.

Некоторые на словах исповедуют веру в Бога, но даже не осознают своей духовной наготы. Такие люди духовно слепы. Господь советует им *«глазной мазью помазать глаза свои, чтобы видеть»* (ст. 18).

Живя по Слову Божьему и по вере, мы постепенно приходим к тому, что начинаем слышать голос Святого Духа. Мы познаем, что такое истина и что такое грех. Обретение духовного чутья равносильно обретению духовного зрения.

Когда у нас открывается духовное зрение, мы можем

понять Слово Божье, обрести надежду на Небеса и найти «себя» согласно Слову, изменившись в истине.

«Духовное зрение» означает способность видеть духовный мир духовными глазами. Но еще важнее понимать волю Божью, внимательно слушая Его Слово, и быть способным изменить себя через это понимание, которое даровано нам свыше.

Если духовные глаза человека открыты, если он знает Бога и осознает Его волю, то ни за что не станет дружить с миром, а будет, следуя Слову, стараться найти в себе тьму и обратить ее в Свет.

Именно такой человек живет в Свете. У него будут более глубокие отношения с Богом, и Бог еще сильнее полюбит его.

Любовь Божья, явленная в наказании

Церковь Лаодикии получила от Господа строгое предупреждение и совет. После этого Господь еще раз призвал ее отвратиться от ложной веры, говоря: *«Кого Я люблю, тех обличаю и наказываю. Итак, будь ревностен и покайся»* (ст. 19).

Этот стих ясно показывает причину и цель Божьего обличения. Он обличает, потому что любит детей Своих, и цель обличения заключается в том, чтобы они покаялись и через покаяние стали более усердны в вере (Посл. к Евреям, 12:6-8).

Когда дети сбиваются с пути, родители, любя их, попытаются исправить ситуацию, при необходимости прибегая даже к розге. Если ребенок игнорирует родительский совет, то родители могут наказать его, чтобы тот хорошенько усвоил урок. Если родители беспокоятся о том, что ребенку будет больно, и воздерживаются от наказания, мы не можем утверждать, что они действительно любят свое дитя.

В Библии тоже был такой человек. Это - Илий, израильский священник во времена судей. Двое его сыновей творили зло. Они осквернили святилище Божье. Священник Илий просто сказал им не делать этого, но воздержался от наказания.

Его сыновья не отступались от своих грехов, и на них пало Божье проклятие. Обоих его сыновей убили в битве, а Илий, услышав это известие, упал с сиденья, сломал позвоночник и умер.

Бог дозволяет наказание Своих детей, потому что любит их. Если наказание не последует, даже после того как ребенок согрешит, у него не будет возможности осознать свои ошибки. Возможно, со временем он совершит еще более страшный грех, тем самым обрекая себя на погибель, так как закон духовного мира гласит: «Возмездие за грех – смерть». Мы должны всем сердцем почувствовать любовь Бога Отца. Если мы способны ощутить любовь Божью через Его наказание, то мы сможем и покаяться, и отвратиться от греха, и измениться.

С другой стороны, если мы не осознаем ничего, получив ряд наказаний, то у Бога больше не будет мотивов карать нас. Поэтому больше наказаний не последует, даже когда мы будем совершать порочные поступки. Если тот, кто считает себя верующим, грешит, не живет по Слову, но не получает кары, это означает, что Бог отвернулся от него. В таком случае страшнее ситуации представить себе невозможно.

Когда любимое Богом дитя идет неправильным путем, Он не позволит ему поступать, как незаконнорожденному, а накажет его. Скорее, это благословение для того, кого наказывают. Кара может быть страшной и грозной на тот момент. Но при мысли о том, что стало бы с ним, не будь он наказан, человек почувствует и поймет любовь Божью, проявленную в наказании.

Это не значит, что мы должны быть наказаны всякий раз, когда поступаем неправильно. Пред тем как наказать, Бог обязательно дает верующим еще один шанс. Бог позволяет нам осознать это через Слово, Он наставляет нас, укоряет, чтобы мы смогли раскаяться.

Будет лучше, если мы как можно быстрее осознаем свою ошибку. Если нет и мы получим наказание, нам все равно следует осознать любовь Бога Отца, покаяться всем своим сердцем и отвратиться от греха. Затем мы должны восстановить потерянные отношения с Богом и вновь собирать небесные награды.

Обетование Господа церкви Лаодикии

«Се, стою у двери и стучу: если кто услышит голос Мой и отворит дверь, войду к нему, и буду вечерять с ним, и он со Мною. Побеждающему дам сесть со Мною на престоле Моем, как и Я победил и сел с Отцем Моим на престоле Его. Имеющий ухо да слышит, что Дух говорит церквам» (Откровение, 3:20-22).

Среди семи церквей церковь Лаодикии была той церковью, которая удостоилась только нарекания от Господа. Но и в этом заключена любовь Божья. Поэтому Господь дал Свое обетование, чтобы у верующих появилась надежда.

Они находились в духовном сне, и вера их была тепла. Поэтому Господь призвал их проснуться и услышать Его голос. Тем, кто победит, Он обещал право сесть с Ним на

Престоле Его.

Откройте сердце и живите в Истине

У Вильяма Холмана Ханта есть картина, на которой изображен стучащий в дверь Господь. На этой картине не видно ни ручки, ни замка, чтобы открыть эту дверь.

Это значит, когда в дверь стучит наш Господь, она может быть открыта только изнутри. Это символ того, что Господь стучится в наши сердца.

Так же Господь сказал членам церкви Лаодикии: *«Се, стою у двери и стучу: если кто услышит голос Мой и отворит дверь, войду к нему, и буду вечерять с ним, и он со Мною»* (ст. 20).

Прежде всего, смысл фразы «стою у двери и стучу» в том, что Господь стучится в наши сердца словом истины. Слушая Слово Божье, мы должны хранить его в сердце своем. Чтобы так поступать, во-первых, слово истины должно пройти через врата нашего разума. И затем оно должно войти в дверь сердца.

Когда слово таким образом вкладывается в наше сердце, мы постепенно обретаем способность жить по Слову. Это-то и называется «вечерянием», «питием и ядением с Господом». Но даже если слово прошло через врата нашего разума, но дверь сердца затворена, то мы будем знать слово всего лишь умом.

Такова, так называемая, «вера как знание». Это мертвая

вера, которой не сопутствуют дела. Такая вера со временем перейдет в теплую. Хотя они довольно долго вели жизнь верующих и много слушали Слово, они не возделывали это Слово в своем сердце и потому не могут достичь духовной веры, то есть веры, исходящей из глубины сердца. Тогда они превращаются просто в посетителей церкви.

Хотя Господь всемогущ, Он не принуждает никого открывать двери сердца. Если бы Бог заставлял человека открывать дверь своего сердца и обретать духовную веру, то разве были бы в этом мире такие, кто не мог бы получить спасения? Тогда не было бы справедливого возделывания человечества.

Бог наделил каждого свободной волей. Он желает обрести истинных детей, которые веруют в Бога и любят Его всем своим сердцем по доброй воле. Поэтому мы должны понимать, что, хотя Господь и стучится во врата нашего разума и сердца, открыть их должны мы сами.

Если мы действительно любим Бога, то обязательно откроем дверь сердца и будем вечерять с Господом, живя по слову истины.

Благословение сесть с Господом

Если мы откроем дверь своего сердца, примем слово истины, будем есть и пить с Господом, на деле соблюдая слово, то победим этот мир и врага дьявола.

Таким людям Господь говорит: *«Побеждающему дам*

сесть со Мною на престоле Моем, как и Я победил и сел с Отцем Моим на престоле Его» (ст. 21). Подобно Господу, Который победил власть смерти и сел одесную Бога, побеждающие также воссядут на престоле спасения.

Хотя Господь упрекнул Лаодикийскую церковь в теплой вере, Он сказал, что в итоге дверь спасения для них откроется, если они покаются и отвратятся от греха. До тех пор, пока дверь ковчега спасения плотно заперта, еще остается возможность. Поэтому-то Господь, чье сердце пылает, сказал им это.

Мы должны побеждать и побеждать до тех пор, пока не наступит конец. Мы должны пройти путем узким, которым шел Иисус, с радостью, благодарностью и любовью, неизменно до конца. Лишь тогда мы сможем встать с Господом и разделить с Ним славу Его в последний день.

Однако есть люди, которые, казалось бы, побеждают, но затем сдаются посреди битвы и не могут разделить благословений и славы.

Испытаем же свою веру Словом Господним, обращенным к церкви Лаодикии. Если вера наша тепла, то покаемся незамедлительно и отвратимся от греха. Будем же среди тех, кто побеждал до самого конца, и приблизимся к Престолу Господа, силой взяв лучшие обители в Царстве Небесном.

Заключение

Любовь Божья, содержащаяся в Посланиях семи церквям

«Се, гряду скоро: блажен соблюдающий слова пророчества книги сей» (Откровение, 22:7).

Человеческое восприятие несовершенно: пилоты реактивных истребителей нередко испытывают то, что называется дезориентацией в пространстве, которая вызывает разного рода несчастные случаи.

Если, пилотируя самолет над морем, летчик сделает несколько переворотов, то визуально он не сможет отличить море от неба. Так же и при скоростном вертикальном подъеме и резком погашении скорости: истребитель по-прежнему поднимается вверх, но пилоту кажется, что он падает на землю.

Чтобы избежать дезориентации в пространстве, летчики

должны полагаться на данные приборов. Им приходится судить о скорости и направлении полета по датчикам, а не собственным ощущениям.

То же касается нашей веры. Мысли Бога Творца и людей, являющихся Его творениями, очень отличаются друг от друга. Поэтому, если жить во Христе, как нам заблагорассудится, это может привести к потере ориентиров. Именно так и произошло с большинством из семи церквей, описанных в книге Откровения.

Каждая церковь трудилась по-своему, и все они думали, что совершают Божье дело. Но некоторые церкви заслужили упрек, а другие – совет от Господа.

Сегодня тоже существует много церквей, которые заявляют, что служат Господу, молятся Богу и любят Его, но сколькие из них действительно угодны Богу? Послания семи церквям содержат высокие стандарты, по которым можно проверить нашу веру.

Они ясно говорят нам, какая церковь достойна похвалы Господа, а какая упрека. Итак, нам следует осознавать, в какую именно церковь мы ходим.

Более того, нам необходимо понять, заслуживаем ли мы тех упреков, которые Господь адресовал некоторым церквям. Найдя свои ошибки, мы должны без колебания покаяться, отвратиться от греха и жить по Слову.

Наконец, самое главное: мы должны осознавать тот факт, что послания семи церквям записаны в книге Откровения. Таков призыв к пробуждению от духовного сна церквям в конце времен. И такова любовь Божья, позволяющая им приготовиться ко Второму пришествию Господа.

Господь через послания семи церквям ясно показал нам, как стать достойным Его похвалы, но если мы не подчинимся, ничего не получится.

Близко время, когда Господь, воскресший и вознесшийся на Небеса, вернется. В конце времен неминуемо произойдет суд над церквями и представляющими их служителями. Я молюсь во имя Господа, чтобы все читатели этой книги поняли этот факт и преобразились в служителей и прихожан церквей, достойных Господней похвалы.

Об авторе
Доктор Джей Рок Ли

Доктор Джей Рок Ли родился в Муане провинции Чолла-нам (Республика Корея) в 1943 году. В возрасте двадцати лет у преподобного д-ра Ли был диагностирован целый ряд неизлечимых заболеваний. Семь долгих лет он страдал от болезни и ожидал смерти, не надеясь даже на выздоровление. Но весной 1974 года, находясь в церкви, куда его привела сестра, желавшая помолиться о выздоровлении брата, он внезапно обрел Божье исцеление от всех болезней.

В тот самый момент преподобный д-р Джей Рок Ли встретил Живого Бога, возлюбил Его всем сердцем и душой, а в 1978 году получил призвание к служению Богу. Он горячо молился о полном понимании и исполнении воли Божьей, полностью следуя Его Слову. В 1982 году он основал церковь Манмин Чунан в Сеуле (Южная Корея), в которой происходили многочисленные Божьи деяния, включая чудесные исцеления и знамения.

В 1986 г. преподобный д-р Ли был рукоположен на пасторское служение на Ежегодной ассамблее церкви Иисуса в Суньккйул (Корея), а спустя четыре года, в 1990 году, его проповеди стали транслироваться Дальневосточной широковещательной компанией, Азиатской телерадиокомпанией и Вашингтонской христианской радиокомпанией в Австралии, России, на Филиппинах и в других странах.

Еще через три года, в 1993 г., Центральная церковь «Манмин» вошла в список «пятидесяти ведущих церквей мира» журнала «Крисчиан Уорлд» (США), а сам пастор получил почетную степень доктора богословия от колледжа «Крисчиан Фэйт» (Флорида, США). В 1996 он получил степень доктора философии служения в теологической семинарии «Кингсуэй» (Айова, США).

С 1993 года д-р Ли ведет миссионерское служение в США, Танзании, Аргентине, Уганде, Японии, Пакистане, Кении, на Филиппинах, в Гондурасе, Индии, России, Германии и Перу. В 2002 году за проведение миссионерских кампаний за рубежом был назван «всемирным пастором» редакцией крупной христианской газеты в Южной Корее.

На июне 2010 года Центральная церковь «Манмин» насчитывает более 100 тыс. прихожан и 9 тыс. приходов в Корее и других странах, направляя более 131 миссионеров в 23 стран, включая США, Россию, Германию, Канаду, Японию, Китай, Францию, Индию, Кению и многие другие.

На сегодняшний день преподобный д-р Ли является автором 59 книг, включая такие бестселлеры, как *«Откровения о вечной жизни в преддверии смерти», «Моя жизнь, моя вера»(I и II), «Слово о Кресте», «Мера веры», «Небеса»(I и II), «Ад»* и *«Сила Божья»*. Его труды переведены на более чем 44 языков.

В настоящий момент преподобный д-р Ли возглавляет многие миссионерские организации и ассоциации, в том числе является председателем Объединенной корейской церкви Святости, президентом Национальной Евангелизационной газеты, президентом Всемирной миссии Манмин, основателем Манмин ТВ, основателем и председателем совета «Глобальной христианской сети» (ГХС), «Всемирной сети врачей-христиан» (ВСВХ), основателем и председателем совета Международной семинарии Манмин (МСМ).

Другие книги того же автора

Небеса I и II

Красочное и подробное описание прекрасных обителей, где блаженствуют граждане Небес, и превосходное разъяснение различных уровней Небесных царств.

Ад

Бог искренен в своем послании человечеству, так как желает, чтобы ни единая душа не оказалась в бездне ада! Вы узнаете о чудовищной жестокости Нижней могилы и ада.

Мера Веры

Какие небесные обители, венцы и награды уготованы нам на Небесах? Эта книга станет для читателя источником мудрости и руководством для определения меры своей веры и роста в в ней .

Откровения о вечной жизни в преддверии смерти

Воспоминания-исповедь преподобного д-ра Джей Рока Ли, рассказ о рождении свыше, спасении и жизни человека, ведущего христианскую жизнь, достойную подражания.

Слово о Кресте

Действенная пробуждающая проповедь для всех, кто пребывает в духовном сне. Прочтя эту книгу, вы узнаете, почему Иисус является единственным Спасителем и истинной любовью Бога.